im Peter Turrini
Gespräch

mit Werner Krause und Gerhard Melzer

EDITION
KLEINE
ZEITUNG

Impressum

Projektleitung: Valentin Habjan
Redaktion: Werner Krause, Gerhard Melzer
Fotografien: Marija Kanižaj
Lektorat: Josef Majcen

Layout und Umschlag: Ernestine Kulmer/studio bleifrei, Graz
Druck und Bindung: Birografika Bori, Ljubljana, Slowenien

© 2014 Edition KLEINE ZEITUNG
          Anzeigen und Marketing Kleine Zeitung GmbH & Co KG
          A-8010 Graz, Schönaugasse 64

Alle Rechte vorbehalten!

ISBN 978-3-902819-40-6

Gedruckt auf Munken Pure Rough 120 g² von Arctic Paper

Inhaltsverzeichnis

Zu diesem Buch

„*Vielleicht ist mein ganzes Leben eine Erfindung.*" Bei nicht wenigen Autorinnen oder Autoren ließe sich diese Aussage als Koketterie, vielleicht auch als Ausdruck von Selbstzweifel abtun – bei Peter Turrini gehören derlei Ermittlungen gegen sich selbst zum Normalfall. Der österreichische Dramatiker von Weltgeltung verhalf einer Vielzahl unverwechselbarer Bühnengestalten zur Daseinsberechtigung, und so steckt seit Jahrzehnten in jedem Stück von Turrini auch ein erhebliches Stück von Turrini selbst.

Gleiches gilt für das Theater, das ihm zur wichtigsten Bleibe, ja, mehr noch, zur eigentlichen Heimat wurde. Es ist ein zuweilen recht unbequemer Ort, wo alles Erfindung, Maskerade, Schwindel ist. Aber wie viele große Dichter beherrscht Peter Turrini die wichtigste Mechanik und Hebelwirkung des Theaters: Man muss Unwirklichkeiten erzeugen, um dem Wirklichen näherzukommen.

Gespräche mit ihm wollten wir führen, keine *Interviews*. Denn zwischen den beiden Begriffen bestehen wesentliche und gravierende Unterschiede. Erste führten, frei von Zeitdruck, befreit von einer vorab festgelegten Choreografie der Fragen, weit ins Offene, in das Spontane, ins neu Gedachte und so noch nie Gesagte.

Deshalb wählten wir für die Treffen mit Peter Turrini auch mehrere Orte, Durchgangsstationen, die sein Leben und seine literarische Laufbahn entscheidend prägten: *Kleinriedenthal* nahe an der tschechischen Grenze zählt dazu. Dort schuf sich der Schriftsteller vor mehr als zehn Jahren ein idyllisches Refugium, an dessen Entstehung er maßgeblich beteiligt war – als Handwerker mit dem Haupt-Aktionsbereich an der Mischmaschine. Die für Außenstehende vielleicht erstaunliche Betätigung kommentiert Turrini auf seine typische Art: „Es ist ja wohl absolut logisch, dass ich ordentlich mitanpacke. Oder hätte ich den Arbeitern meine Gedichte vorlesen sollen?"

Weitere Gesprächsorte waren *Retz,* wo Peter Turrini in der Zelle 13 des dortigen Dominikanerklosters einige Theaterstücke schrieb, und das *Kremser Archiv der Zeitgenossen,* das Peter Turrinis künstlerischen Vorlass beherbergt. Keineswegs fehlen durfte bei den Begegnungen *Maria Saal.* Dort verbrachte der Autor seine Kindheit und seine frühen Jugendjahre, dort schrieb er, mit 13, 14 Jahren, seine ersten Gedichte, und dort fand er im *Tonhof,* dem ersten, legendären Zentrum der österreichischen Avantgarde in den Fünfziger- und Sechzigerjahren des vorigen Jahrhunderts, sein zweites Zuhause – auch in der Sprache, in der Dichtkunst.

Eines eint all diese Gespräche, aus denen vielstündige Tonbandprotokolle resultierten: Es ist Peter Turrinis unnachahmliche Gabe, ehrlich, selbstkritisch, skeptisch, aber auch sehr ironisch für einen geradezu szenischen Verlauf zu sorgen, reich an überraschenden Wendungen, ungewiss und offen in seinem Fortgang. Es ist sein Leben, seine Seelenlandschaft, die sich hier offenbaren; als Tragödie, Komödie, Posse, aber auch als Lehrstück über die Pflicht, sich selbst und das Dasein in all seinen trügerischen, aber auch schönen Momenten immer wieder infrage zu stellen.

Peter Turrinis Leben ist keine Erfindung. Aber es ist reich an inneren Fund-Stücken, über deren Präsenz er, der große Erinnerungs-Archäologe, nicht selten selbst ins Staunen geriet.

Diese Raritäten zu entdecken, war eines der fernen, vagen Ziele all dieser Gespräche. Sie den Leserinnen und Lesern näherzubringen, ist der Anlass für dieses Buch. Es zeigt einen ganz und gar außergewöhnlichen Menschen, der Außergewöhnliches klar und unverblümt zur Sprache bringt.

Werner Krause, Gerhard Melzer

Kleinriedenthal.

Ein kleiner Ort im nördlichen Weinviertel. Fünf Kilometer von Retz entfernt. Vom Garten des Hauses aus, das Peter Turrini 2001 erworben und jahrelang renoviert hat, schweift der Blick über die Grenze nach Tschechien. Der Garten gepflegt. Weinlaub. Blumen. Ein Ort des Friedens und der Schönheit. Das Haus geschmackvoll eingerichtet. Jugendstilmöbel. Die Küche aufgeräumt.

Schön und romantisch haben Sie es hier. Der Ort müsste eigentlich Kleinfriedenthal heißen.
Hemmt Sie so viel Idylle nicht beim Schreiben?
Turrini: Dieser Ort ist bezeichnend für mein Leben in Widersprüchen. Mein Domizil hier besteht aus lauter Versuchen, Geborgenheit zu schaffen. Und gleichzeitig, bei aller Anstrengung bis hin zu den dekorierten Blumenvasen, stellt sich diese Geborgenheit nicht ein. Ich möchte irgendwo beheimatet sein, etwas um mich herum haben, was mich schützt. Das war schon in der Kindheit so. Unser Haus in Maria Saal stand im Schatten dieses riesigen Doms, den ich nicht nur als Bedrohung empfand, sondern auch als großen Schutz. Ich hatte das Gefühl, dieser Dom schützt Dich vor allem, selbst vor Gewittern. Und gleichzeitig gab und gibt es die permanente Vertreibung, die hat viele Namen. Sie reicht von der Depression bis zum Entsetzen über den Zustand der Welt.

Aber auf ein halbwegs geschütztes Refugium können wir uns einigen?
Turrini: Der Platz hier nimmt sich in der Tat wie ein Idyll aus, trotzdem herrscht oft das Chaos in mir. Das kann man als etwas Produktives bezeichnen, man kann aber auch sagen, es ordnet sich nichts. Jetzt werde ich siebzig, und es wäre an der Zeit, dass sich in meinem Kopf die eine oder andere Ordnung einstellt.

Und? Funktioniert's?

Turrini: Das Gegenteil ist der Fall. Vielleicht bemühe ich mich deshalb ständig, äußerste Ordnung walten zu lassen. Ich erinnere mich an eine Wohngemeinschaft in den Siebzigerjahren: Da sind alle auf Matratzen am Boden gelegen und ich hab einen Barocktisch von meinem Vater und ein geschnitztes Bett gehabt. Das Schöne war mir immer ein dringendes Bedürfnis, mitten im Chaos.

Ist das nach außen hin so eine Art von Schutzwall, um zu signalisieren: „Es ist alles in Ordnung bei mir"?

Turrini: Nein, wie ich von außen wahrgenommen werde, ist mir völlig wurscht. Ein Schriftsteller, der nicht den Mut hat, sich das Maß seiner inneren Unordnung einzugestehen, hat den falschen Beruf gewählt. Mir geht es eher darum, diese vollkommene Wirrnis und Unruhe in meinem Kopf zu bändigen. Es klingt lächerlich, aber eine Methode, das zu bewerkstelligen, ist die morgendliche Hausarbeit. Ich gehe dann staubsaugen oder Geschirr abwaschen, oft vom Tag davor noch. Es sind lauter Versuche unter dem Motto: Wenn schon Chaos im Kopf, dann bitte nicht auch noch um mich herum. Wenn ich jemanden beeindrucken will mit dieser Ordnung, dann ausschließlich mich selbst. Ich sage mir: So verloren bist Du noch nicht, Chaos ist wenigstens nur im Schädel, ansonsten ist Ordnung. Und das geht dann von Wäsche waschen bis Bügeln und so weiter. Ich brauche diese äußeren Rituale, um das Gefühl zu haben, ich gehe nicht ganz verloren.

Turrinis Arbeitszimmer. Geordnete
Wohnlichkeit auch hier. An einer
Wand Plakate zu Aufführungen seiner
Stücke. Szenenfotos. Regale mit
Buchausgaben seiner Werke in allen
Weltsprachen. Archivboxen, säuber-
lich beschriftet. Der Schreibtisch ein
antiquarisches Schmuckstück. Kerzen
und Blumensträuße auf den Beistell-
tischen. Die alte mechanische
Schreibmaschine (Everest, 1958), in
die Turrini bis vor Kurzem alle seine
Texte getippt hat. Neuerdings diktiert
er lieber. Macht bloß eine Ausnahme
für die Fotografin, die er mit einem
spontanen Text beglückt.

„Ich muss
Maß nehmen
an Menschen.
Ich bin ein
Menschen-
sammler."

*Auf dem kurzen Fahrweg von Retz hierher haben
wir erlebt, dass Sie enorm viele Menschen
kennen. Da ein Halt, dort ein „Grüß Dich!".
Und wie die Leute auf Sie zugehen! Sie scheinen
einer von ihnen zu sein ...*

Turrini: Ich könnte es nicht mehr aushalten in diesem fremden Wien. Im Dorf funktioniert Kommunikation völlig anders. Als ich das Haus gekauft habe, sind hier ja nicht Literaturaficionados herumgerannt. Die Leute haben mir sehr geholfen bei der Renovierung, aber es war wichtig, dass ich mitgemacht habe, dass ich selbst an der Mischmaschine gestanden bin. Und das Andere waren die Besuche der Weinkeller und der Feuerwehrfeste. Ich habe diesen Leberschwund bewusst auf mich genommen. Ausschlaggebend war und ist aber wohl – das hat ursächlich mit meinem Beruf zu tun –, dass mich Menschen maßlos interessieren. Ja, ich habe wirklich eine Menschensucht. Ich muss Maß nehmen an Menschen. Ich bin ein Menschensammler. Es gibt unendlich viele Menschenbeobachtungen, die ich aufgeschrieben habe, die aber noch keinem Stück zugehörig sind. Wenn ich dann etwas schreibe, bediene ich mich aus diesem Beobachtungsfundus. Meine Stücke sind voller Freiflüge, Höhenflüge oder Bauchlandungen. Aber bevor ich diese Fliegereien anstellen kann, bedarf es der Vorfindungen, der Leute und ihrer Geschichten. Problematisch wird's, wenn es ans Schreiben geht.

Wieso?

Turrini: Weil der Schreibprozess mit einer radikalen Kündigung von Menschen einhergeht. Wenn ich genug vorgefunden habe, dann will ich verschwinden und schreiben. Der einzige Mensch, der das aushält, ist meine Liebste, die Silke Hassler, die ist ja auch eine Schreiberin. In solchen Zeiten sehen wir uns sehr selten und auch dann nur nach vorheriger telefonischer Vereinbarung. Für Freunde und Menschen, die mir nahestanden, war das oft sehr irritierend, dass ich auf der einen Seite ein Hingebungsvoller bin und ganz plötzlich zum Eremiten werde. Aber ich kann nicht anders.

Das hört sich wie eine Warnung an:
Achtung, bissiger Dichterhund.

Turrini: Es ist schwer zu erklären, warum ein Schriftsteller, speziell ein Dramatiker, quasi ein Menschenfresser ist. Und warum der Dramatiker, wenn er genug gefressen hat, nix mehr wissen will von den Menschen. Aber es ist das Prinzip meines Gewerbes. Dramatiker sind Mundräuber, Seelenräuber, sogar Gesichtsräuber, weil ich mir manchmal reale Gesichter vorstelle für erfundene Figuren. Und dann drehen sich diese Räuber weg und gehen heim dichten. Und wenn ich fertig bin mit dem Dichten, versuche ich wieder den Menschen nahe zu sein, alles von ihnen zu erfahren, ihnen zu helfen, freundlich zu sein, und dann kommt wieder die Flucht, und der Kreislauf setzt sich fort. Vielleicht hat das auch mit Angst zu tun.

Angst wovor?

Turrini: Da ist in mir immer wieder dieses bedrohliche Gefühl, das ich als Kind hatte: dass der Vater ein Ausländer ist und irgendetwas nicht stimmt mit uns im Maria Saal der 1950er-Jahre. Das kommt in mir oft so konkret hoch und ich weiß nicht, warum das nicht aufhört. Egal, ob es auf dem Schulweg gewesen ist, am Sonntag in der Messe oder im Gasthaus. Immer dieses Gefühl, die mögen Dich nicht. Oder die reden jetzt über diese Ausländer. Ein seltsames Gefühl ist das, vielleicht eine Einbildung. Und dem Gefühl entspricht wohl manchmal auch meine Anstrengung, diese möglicherweise existierende Gefahr mit Liebe zu besiegen oder mit Zuwendung und Hilfsbereitschaft zu immunisieren. Sagen wir es dramatisch: Je mehr man für sie tut, desto weniger werden sie sich trauen, einen zu erschlagen.

*Der Autor ist rührend und rührig
um seine Interviewer besorgt.
Behandelt sie liebevoll und zuvor-
kommend wie seine allerpersönlichs-
ten Gäste. Bereitet Tee und Kaffee vor
und kredenzt dazu Kärntner
Reindling. Stellt für den Nachmittag
eine kräftige Jause in Aussicht.*

Bleiben wir noch einen Moment beim Bild vom Dramatiker als Mund- oder Seelenräuber. Wann beginnt er das Geraubte zu verwerten, zur Beute zu machen. Gibt es einen Punkt, wo sozusagen der Deckel wegfliegt und Sie sich sagen: So, genug, ab jetzt muss ich schreiben?

Turrini: Die Welt marschiert in mir ein und durch mich durch, und irgendwann muss ich dann „Halt" schreien und mir solche Schutzräume schaffen wie hier an der tschechischen Grenze, wo ich mich abkoppeln kann von dieser Beeindruckbarkeit durch die Welt und die Menschen.

Und wo Sie vielleicht auch die nötige Übersicht wiedergewinnen, die Kontrolle über die Welt?

Turrini: In der Tat geht es beim Dramenschreiben auch um Kontrolle. Um den dunklen Raum des Theaters, wo ich die Welt noch einmal nachstellen kann und wo ich die Kontrolle habe über die Nachstellung. Daran hindern mich zwar manchmal ein paar Regisseure oder hochtalentierte Schauspieler, die eigene Vorschläge machen. Aber das Schönste an meinem Gewerbe ist, dass ich die Welt endlich nach meiner Vorstellung, übrigens auch nach meiner Geschwindigkeitsvorstellung, formen kann. Draußen im Freien bin ich wie ein Baum im Sturm der Ereignisse und werde hin- und hergebeutelt. Drinnen im dunklen Raum des Theaters dagegen erfasst mich ein Glücksgefühl, denn dort kann ich sogar den Tod planen. Im wirklichen Leben kann mir ein Ziegelstein auf den Kopf fallen und mich töten. Im Theaterleben kann ich mich lang mit einem Requisiteur darüber unterhalten, wie ein Ziegelstein fallen muss, um die Illusion seiner tödlichen Wirkung zu erzeugen. Letzten Endes läuft Dramatik darauf hinaus, die Welt zu kontrollieren und zu bändigen. Sonst löse ich mich vollkommen in ihr auf.

Dieses Glück, alle Fäden in der Hand halten zu können, erinnert an den Schöpfungsbericht der Bibel. Sie lassen in Ihren Stücken immer wieder Gott auftreten. In „Aus Liebe" probt er zu Beginn die Erschaffung der Welt. „Es werde Licht" heißt hier: „Es werde Theaterlicht". Gibt es für Sie eine Parallele zwischen dem Autor und Gott?

Turrini: Völlig richtig. Diese Parallele hat aber auch etwas Gefährliches. Die Gefahr besteht darin, dass man diese beiden Welten durcheinanderbringt. Die nachgestellte im Theater, wo der liebe Gott die Lichter anknipst und der Autor sich in ihm versteckt mit seinem Größenwahn, und die reale Welt da draußen. Ich erzähle oft, auch im privaten Bereich, mit größter Überzeugung Geschichten, die schon mit einem Fuß in der Theaterwelt stehen. Und ich merke oft gar nicht, dass ich sie als Geschichten aus der Realität ausgebe. Ich kann die Grenze zwischen Maske und Gesicht, zwischen Ausgedachtem und Erlebtem, immer schwerer ziehen. Manchmal denke ich mir, mich gibt es eigentlich nur als Ausdenkung. Und dass mein ganzes Leben möglicherweise eine Erfindung ist.

*Der liebe Gott erscheint bei Ihnen als armselige
Figur, die niemand mehr ernst nimmt. Und auch
aus dem Teufel ist ein armer Teufel geworden.
Es scheint so, als würden Sie diesen Niedergang
bedauern. Sind Sie ein verkappter Gottsucher?*
Turrini: Suchen ist, glaube ich, nicht das richtige
Wort. Ich habe es so empfunden, dass mir der
liebe Gott nie gleichgültig war und dass ich ver-
schiedene Formen der Reaktion auf ihn betrieben
habe. Ich wollte Priester werden, es war alles
schon vorbereitet, um ins Priesterseminar zu gehen. Man kommt ja als 14-, 15-Jähriger in so
Zwiespalte hinein. Du möchtest Deine Seele und
Dein Herz der Nächstenliebe widmen, und dann
passiert etwas ganz anderes in der Unterhose.
Mit zwanzig beschimpft man den lieben Gott und
verflucht ihn. Und dieses Verhältnis zu Gott, das
früher ein blasphemisches war, ist heute manchmal ein trauriges über seinen Verlust, über seine
Ohnmacht. Er zockelt halt so mit in meinen Stücken.

*In „Aus Liebe" verdingt er sich zuletzt als
Straßenkünstler.*
Turrini: Ja, er ist er die lächerlichste aller Figuren, weil die Leute glauben, das ist einer, der irgendwelche Kunststücke vollführen kann, aber
es fällt ihm alles aus der Hand. In seinem Entwurf ist Gott etwas Großartiges, jemand, der die
Welt erklären und Dich halten könnte. Das wäre
ein großes Geschenk, leider kommt es nicht mehr
an. Außer man wird katholischer Fundamenta-
list. Dazu eignet sich ein Schriftsteller halt nicht.

„Ich komme mir ja oft vor wie ein Reisekoffer, auf dem inzwischen viele Etiketten kleben."

In den Wohnräumen Familienfotos
und fein ziselierte Kinderzeichnungen
des Autors an den Wänden. Alle
sorgsam gerahmt. Der Fünfjährige mit
Hut und Wanderstock auf einem
Kärntner Berg. Die Eltern und die drei
Söhne Hans, Peter und Walter vor
dem Balkon des Hauses in Maria
Saal. Der Vater Ernesto Turrini 1929
als Statist in der Arena von Verona.
Eine holzgeschnitzte Pietà des Vaters.

Es gibt nicht wenige Menschen, die zwar nichts gelesen oder gesehen haben von Ihnen, Sie aber nach wie vor für einen großen Bürgerschreck halten. Sie als Hünen der Karawanken sehen, der von dort aus seine Wortblitze herunterschleudert. Und wir sitzen hier in dieser Idylle, die absolut nichts mit dem vermeintlichen Schreckensbild zu tun hat. Wie gehen Sie damit um?

Turrini: Menschen lesen ein Buch oder sehen ein Stück und stellen sich etwas Wildes unter dem Autor vor und lernen dann halt eine sehr zivilisierte Person kennen, eine höfliche. Alle machen sich irgendwelche Bilder von mir. Ich komme mir ja oft vor wie ein Reisekoffer, auf dem inzwischen viele Etiketten kleben.

Welche zum Beispiel?

Turrini: Ich erinnere mich, dass anlässlich der Uraufführung von „Sauschlachten" jemand geschrieben hat, dieser Kärntner Orang-Utan soll in die Wälder zurückkehren, aus denen er hervorgebrochen ist. Vielleicht hing es mit der schwergewichtigen Erscheinung zusammen, die ich immer dargestellt habe. Ein bissl weniger oder mehr als 100 Kilo. Schon allein das löst offenbar einschlägige Assoziationen aus. Und dazu kommt dann das Bedürfnis der Medien, manchmal auch der Germanisten, Zuschreibungen und Einordnungen vorzunehmen. Obwohl ich nur zwei Dialektstücke von insgesamt 50 Stücken geschrieben habe, galt ich jahrzehntelang als Dialektdichter. Wie man sich selber sieht und wie man gesehen wird, unterscheidet sich oft erheblich. Das hat mir nicht zuletzt meine Mutter vor Augen geführt.

Inwiefern?
Turrini: Meine Mama hat seinerzeit in Wien „Josef und Maria" gesehen. Der Kreisky war auch im Saal. Er hat ihr gratuliert und gesagt: „Frau Turrini, großartig, was ihr Sohn da macht!" Und meine Mama hat zu ihm gesagt: „Könnten Sie nicht auf ihn einwirken, dass er nicht immer so schiache Sachen schreibt?" Die Mama, eine Proletariertochter aus Knittelfeld und eine sehr sensible Frau, war der Meinung, die Literatur sei dafür da, dass man auch etwas Schönes im Leben hat. „Und Du kommst daher und treibst uns mit diesen Ausdrücken wieder dorthin, wo wir hergekommen sind. Aber von da wollen wir ja weg, wir wollen ja nicht solche Ausdrücke verwenden." Es waren immer die „Ausdrücke" bei ihr. In einem Film von Hermi Löbl („Mütter") sagt sie: „Ja, wenn er nur was Schönes schreiben könnte, der Peter!" Und die Löbl antwortet nur: „Frau Turrini, er wird in viele Sprachen übersetzt..." Es folgt ein Ausruf des Entsetzens: „Was, diese Ausdrücke werden auch noch in andere Sprachen übersetzt?" Ich war immer der Meinung, dass ich nix Schiaches schreibe, sondern den Versuch unternehme, zu etwas Schönem vorzudringen.

HERBST !

P. TURRINI

Vielen Dank für den spontanen Einakter.
Gab es so etwas wie eine Versöhnung mit
Ihrer Mutter?
Turrini: Ja, zwei, drei Jahre vor ihrem Tod konnten wir uns verständigen. Diese Gespräche mit ihr, die haben mich tief berührt. Dabei fielen immer wieder Sätze von ihr, wie: „Schau, wir haben überleben müssen. Und wenn man den Mund aufgemacht hat gegen die Oberen, dann hast ja net überleben können. Und Du kommst daher und schreist gegen die Oberen. Ich hab immer Angst gehabt um Dich." Sie war überzeugt: „Das werden sich die Herrschaften nicht gefallen lassen von Dir." Die typische Erfahrung des Kleinbürgertums, das aus dem Proletariat aufgestiegen ist. Aber letztlich sind wir übereingekommen, dass es mir sehr wichtig war, diesen Rumor in die Welt zu setzen, für etwas Schöneres zu kämpfen, und es andererseits der Mama wichtig war, durch Stille zu überleben. Wie gut ich sie heute verstehe. Sie wollte auf ihre Art auch zu etwas kommen, ein bisschen was vom Leben haben.

Das findet seinen Niederschlag ja auch in vielen
Ihrer Stücke, wo die Suche nach einem kleinen
Glück eine bedeutsame Rolle spielt. Nur bleibt
das Glück halt meist ein bisschen verdeckt.
Turrini: Verdeckt ist schon das richtige Wort, weil es meine ganze Literatur erklärt. Die Sehnsucht wird von vielen Schrecken verdeckt.

*Im Garten. Wo die blumenbehütete
Engräumigkeit einer weiten Wiese
Platz macht. Im Hintergrund ein
riesiges Gatter. Jenseits davon, nach
ein paar Schritten, Tschechien. Am
Übergang von der Eng- zur Weit-
räumigkeit ein imposanter Steintisch.
Entworfen und gebaut von Peter Krug,
einem befreundeten Handwerker aus
der Steiermark. Mittlerweile steht ein
ähnlicher, noch imposanterer Tisch
an der steirisch-slowenischen Grenze.
Als sichtbares Zeichen der Grenz-
überschreitung.*

Wer nicht auf den vermeintlichen Provokateur und Skandalautor Turrini fixiert ist, kann in Ihren Stücken auch zartere Töne entdecken.
Oft geht es um die Sehnsucht nach Liebe.

Turrini: Es gibt, glaube ich, kein Stück, wo diese Sehnsucht nach einem Zusammenfinden nicht zumindest für einen Moment existiert. Ob das in den „Minderleistern" ist, wenn Hans und Anna ein anderes Leben planen. Oder in „Alpenglühen", wenn der Blinde die Frau umarmt. Nie geht es mir dabei um ein Happy End – das finde ich schrecklich –, sondern um das Aufrechterhalten der Sehnsucht, um eine Chance für Veränderung, um einen Ausblick auf etwas Schöneres. Ich will keine Stücke schaffen, die so hermetisch sind, dass es in dieser Welt nichts zu gewinnen gäbe. Wenigstens für Augenblicke. Und das habe ich den Regisseuren immer gesagt: Ich bin kein „Unterganghofer", keiner von bernhardschem Gebild. Ich schätze und achte die Literatur der meisten meiner Kollegen, aber ich bin in diesem Punkt ein anderer.

Wie drückt sich dieses Anderssein aus?

Turrini: Ich bin anders, weil ich in den vielen Düsternissen meines Lebens, die es auch gab, selber immer wieder auf die Hoffnung angewiesen war. Auf eine Beziehung, die einen glücklich macht. Auf Momente, die einen plötzlich vom eigenen Unglück erlösen. Wieso soll ich das meinem Publikum vorenthalten? Das wäre doch eine Ungerechtigkeit. Man kann doch die Sehnsucht nach dem Glück, die in uns allen wohnt, nicht einfach privatisieren. Wir haben eine so große Sehnsucht nach dem Anderen und gleichzeitig so große Angst vor ihm. Und davon handeln meine Stücke in sehr hohem Maße.

In Ihrem Stück „Bei Einbruch der Dunkelheit" gibt es eine alte, todkranke Frau, die unvermittelt ihren Oberkörper entblößt und sich dem Regen aussetzt. Auch hinter diesem Verhalten scheint eine – verzweifelte – Sehnsucht zu stecken. Nach Unmittelbarkeit? Nach Berührung?
Turrini: Es ist die einzige Möglichkeit für sie. Denn die Frau lebt ja in einem sehr eloquenten Sprachgefängnis. Da sind die Mauern nicht aus Stein, sondern aus Sätzen. Wenigstens für Augenblicke will sie ausbrechen aus dieser geschlossenen Konversationswelt, in der immer nur die bessere, vernichtende Pointe zählt.

Woran liegt es, dass Frauen in Ihren Stücken immer besser abschneiden als die Männer?
Turrini: Ist das so? Ich hab nie etwas in meinem Leben gefunden, das mir lieber gewesen wäre als Frauen. Ich knie ja auch mit 70 und leichten Gelenksschäden vor meiner Liebsten. Frauen interessieren mich grundsätzlich. Bei Männern habe ich immer das Gefühl, ich kenne mich schnell aus. Er ist ein bisschen schmal, der Grat der männlichen Existenz. Bei Frauen habe ich immer Entdeckungsgelüste. Dass ich sie zu den besseren Menschen mache, müsste man mir fast vorwerfen. Ich glaube nicht, dass sie das sind. Aber vielleicht stelle ich die Frauen so gut dar, weil ich in

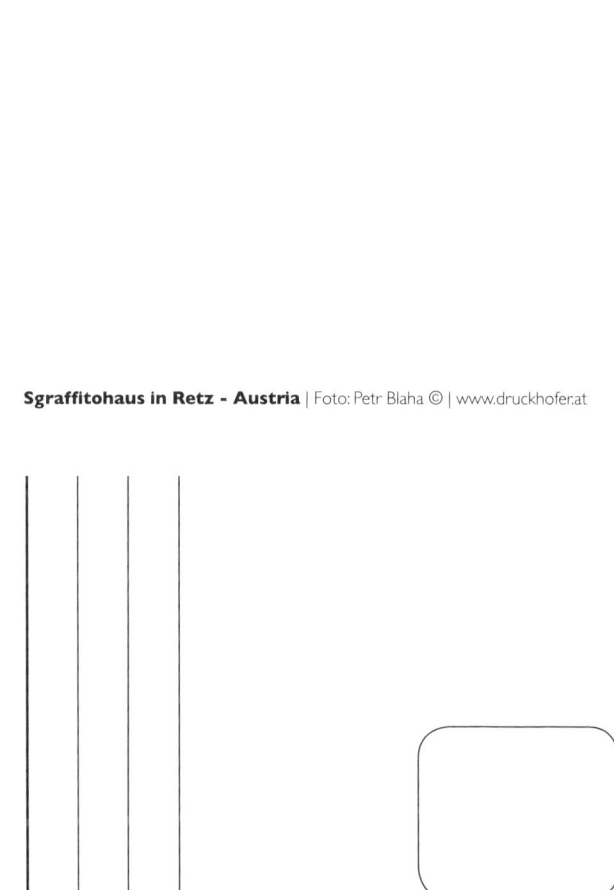

Sgraffitohaus in Retz - Austria | Foto: Petr Blaha © | www.druckhofer.at

Wahrheit viel mehr Angst vor ihnen habe, als ich zugebe. Man bannt ja manchmal etwas, indem man es glorifiziert. Jetzt stelle auch ich einmal eine Frage: „Glorifiziere ich die Frauen in meinen Stücken wirklich?"

Nein, das nicht. Aber Sie brechen gerne eine Lanze für sie. Zum Beispiel für ältere Frauen, die in der dramatischen Weltliteratur sonst ja nicht so gut wegkommen.
Turrini: Meine erste wesentliche Beziehung hatte ich mit einer Frau, die älter war als meine Mama. Ich war damals 17 und sie 45. Sehr zum Schock meiner Mutter. Ich habe in meinem Leben Beziehungen zu älteren und jüngeren Frauen gehabt und finde diese fast euthanasieartige Ausgrenzung älterer Frauen vom Liebesmarkt absurd und pervers. Ich selbst verdanke ihnen viel und kann das Gerede von der „schiachen Oidn" und der „klassen Jungen" in männlichen Disputen nicht mehr hören. Das mag der Grund sein, warum ich es im Laufe der Jahre zu einem Thema in meinen Stücken gemacht habe.

Sie haben einmal gesagt „Ich möchte so gerne schweigen und ich habe so große Angst vor dem Schreiben." Wie passt diese Aussage zu Ihrer Schreib-Besessenheit?
Turrini: Naja, das passt insofern zusammen, als es in Wahrheit vieles gibt, was man nicht tun will. Aber man hat zu sich selbst wenig Alternativen. Also setze ich mich hin und schreibe, jeden Tag. Ich warte nicht auf Musenküsse und gött-

liche Eingebungen. Meistens höre ich mir noch das „Mittagsjournal" an oder esse noch irgendetwas Ungesundes, Marmorkuchen zum Beispiel, und dann setze ich mich an die alte Schreibmaschine, die hier steht, oder neuerdings ans Diktiergerät, und arbeite bis spätabends. Und natürlich ist vor allem der Anfang oft eine Qual. Aber da behelfe ich mir mit der Methode des gedankenlosen Hinschreibens, die ich über die Jahrzehnte entwickelt habe. Ich fang einfach an und sage mir: „Du kannst es ja wieder wegschmeißen." Und in der Tat werfe ich sehr viel wieder weg. Von manchen Stücken gibt es 30 oder 40 Fassungen. Insgesamt empfinde ich das Schreiben als Schwerarbeit.

Auch als lustvolle Arbeit?
Turrini: Keineswegs immer. Es ist ja auch für einen Arbeiter nicht immer lustig, Straßen zu asphaltieren. Ich hab eine ganz handwerkliche Einstellung zum Dichterberuf. Man muss arbeiten. Man darf seinen Beruf nicht schwänzen. Und Arbeiten heißt, über das anstrengende Schreiben zum Werk zu gelangen. Und nicht auf das Werk zu warten. Ich habe noch keinen Installateur getroffen, der auf die Frage „Kannst Du bei mir die Heizung machen?" sagen würde „Ich muss auf eine Eingebung warten". Ich treffe aber immer wieder Schriftstellerkollegen, die mir erzählen, „ja, ich schreibe einen Wahnsinnsroman, aber mir fehlt eben irgendwie die Eingebung". Lauter Berufsschwänzer! Schriftsteller wie Heinrich Böll, den ich kennenlernen durfte und den ich

„Ich warte nicht
auf Musenküsse
und göttliche
Eingebungen.
Ich schreibe,
jeden Tag."

verehrt habe als junger Mensch, waren Schwerarbeiter, verzweifelte Schwerarbeiter. Je größer der literarische Dilettantismus ist, desto mehr ist von der genialen Eingebung die Rede. Scheiß drauf, kann ich nur sagen. All das Gerede, dass man ein Talent hat… Dass man ein Talent hat zum Schreiben hoffe ich doch sehr, das ist ja die Voraussetzung, das braucht man ja nicht immer zu betonen. Der Rest ist Arbeit und Fleiß.

Stichwort Eingebung: Etliche Dichterkollegen berufen sich gerne auf Philosophen, die sie begleiten wie Trabanten. Elfriede Jelinek hat Herrn Heidegger, Thomas Bernhard Schopenhauer. Bei Ihnen finden sich diesbezüglich keinerlei Hinweise. Gibt es insgeheim doch einen Turrini'schen Hausphilosophen?
Turrini: Ja. Auf den hab ich mich ein paar Mal berufen. Er heißt Hansi Sattler und ist ein schwerer Alkoholiker. Und er hat den berühmten Satz „Heute ist so und morgen so" in die Welt gesetzt.

Das ist absolut unwiderlegbar.
Turrini: Genau. Ich hab einen ziemlichen Horror vor Philosophen. Ich versuche immer wieder, in irgendwelchen Schriften zu lesen. Es bringt mir nichts. Philosophen, bis hin zu Heidegger, sind für mich lebenslängliche „Gscheitln", die wie in der Schule immer aufzeigen und schnell immer alles wissen. Lebensunfähig bis dort hinaus, das werfe ich ihnen allerdings nicht vor. Das bin ich bis zu einem gewissen Grad auch. Aber so ein echter Alkoholiker, der aus dem tiefsten Inneren

seines Alkoholismus sagt „Heute ist so und morgen so" erklärt für mich zwanzig indische und abendländische Philosophien. Aber man kann es auch umdrehen und sagen, ich war ein Leben lang zu blöd fürs Höhere.

Drehen wir es noch einmal herum, in eine andere Richtung. Bauen Sie sich Ihre eigene Philosophie?
Turrini: Ich hab' keine Philosophie. Da ist bloß immer wieder ganz plötzlich das Gefühl, ich muss zu diesem oder jenem etwas sagen. Das ist meine ganze Philosophie. Und dann versuche ich mit all meinen Kräften, es zu sagen, es niederzuschreiben, besser oder schlechter. Und dabei geht es nicht um die letzten Fragen der Philosophie, sondern um die ersten Fragen des menschlichen Daseins. So frage ich mich zum Beispiel, wie wird das hier ausschauen in der Region, in der ich lebe, wenn alle abwandern. Und was wird mit diesen jungen Leuten, die keine Jobs mehr finden...? Sowas beschäftigt mich. Das ist mein Triebmoment. Und nicht irgendwelche Wahrheiten. Ich hab gar keine Wahrheiten. Ich kenn mich gar nicht aus. Der einzig Höhere, der alles klären könnte, ist der liebe Gott. Aber der wankt ja und ist nicht mehr, was er einmal war.

Das erinnert an einen Satz, den Sie einmal geäußert haben: „Vielleicht bin ich ein Idiot, weil ich die Dinge viel zu einfach sehe, zumindest manche." Ist das so?

Turrini: Die dramatische Kunst funktioniert ohne Einfachheit nicht. Aus einem simplen Grunde: Menschen erweisen Dir die Ehre, sich in eine Aufführung hineinzusetzen. Manchmal waschen sie sich sogar vorher und ziehen etwas Schönes an. Da möchte ich ihnen etwas erzählen, das sie auch verstehen. Ob sie es ablehnen, ob sie mitweinen, ob sie mitlachen oder sich ärgern darüber, das ist ihre Sache. Diese Einfachheit, die das Theater braucht, um im Moment funktionieren zu können, die halte ich für etwas ganz Entscheidendes. Wenn ich mich beim Lesen eines Romans irgendwo nicht auskenne, dann blättere ich zurück und lese die Seite drei Mal und dann habe ich es halbwegs verstanden. Ein Zurückblättern im Theater gibt es nicht. Du kannst ja nicht hinaufrufen „Moment, Moment! Da blicke ich jetzt nicht durch" oder die Schauspieler können nicht sagen „Kommts in zwanzig Minuten wieder, denkt's ein bisschen nach, draußen im Foyer". Es ist erstaunlich plebejisch, das Theater. Deshalb hadere ich grundsätzlich mit Intelligenzüberfrachtung am Theater.

Aber geistige Herausforderung ist ja kein Nachteil. Auch über Schäden ist nichts bekannt.

Turrini: Nein, aber es geht um Überfrachtung, um Überforderung. Das Schlimmste im Schulunterricht war, wenn ich nix mehr verstanden habe.

In Mathematik war das ganz extrem und rasch der Fall, und ich habe nur noch überleben können, indem meine Mitschüler mir halt beim Schwindeln geholfen haben. Ab der zweiten HAK-Klasse habe ich nichts mehr verstanden von dem, was da abgeht. Und ich habe das Gefühl, Ähnliches ereignet sich zunehmend in den Theatern. Man traut sich allerdings nicht, zu sagen, dass man nichts versteht. Wer materiell alles hat, muss ja unbedingt auch noch als Geistesmensch gelten. Weil der Geistesmensch der größte Ausweis des Menschen ist, sitzen dann alle drin und tun so, als hätten sie alles begriffen. Der frühere Kulturminister Rudolf Scholten hat mir einmal erzählt, er kenne sehr viele Leute, die im Theater eine spezifische Technik entwickelt hätten. Nicht des Mitdenkens, sondern des Mitschlafens. Die Reaktion des Geistesmenschen auf die Unverständlichkeit des Theaters ist das getarnte Schlafen.

Die Erleuchtung kommt angeblich ja recht oft im Schlaf...
Turrini: Ich habe die schönsten Erleuchtungen in der Liebe. Wenn es schön war miteinander und nachher liegt man so zusammen, fallen mir ganze Stücke ein.

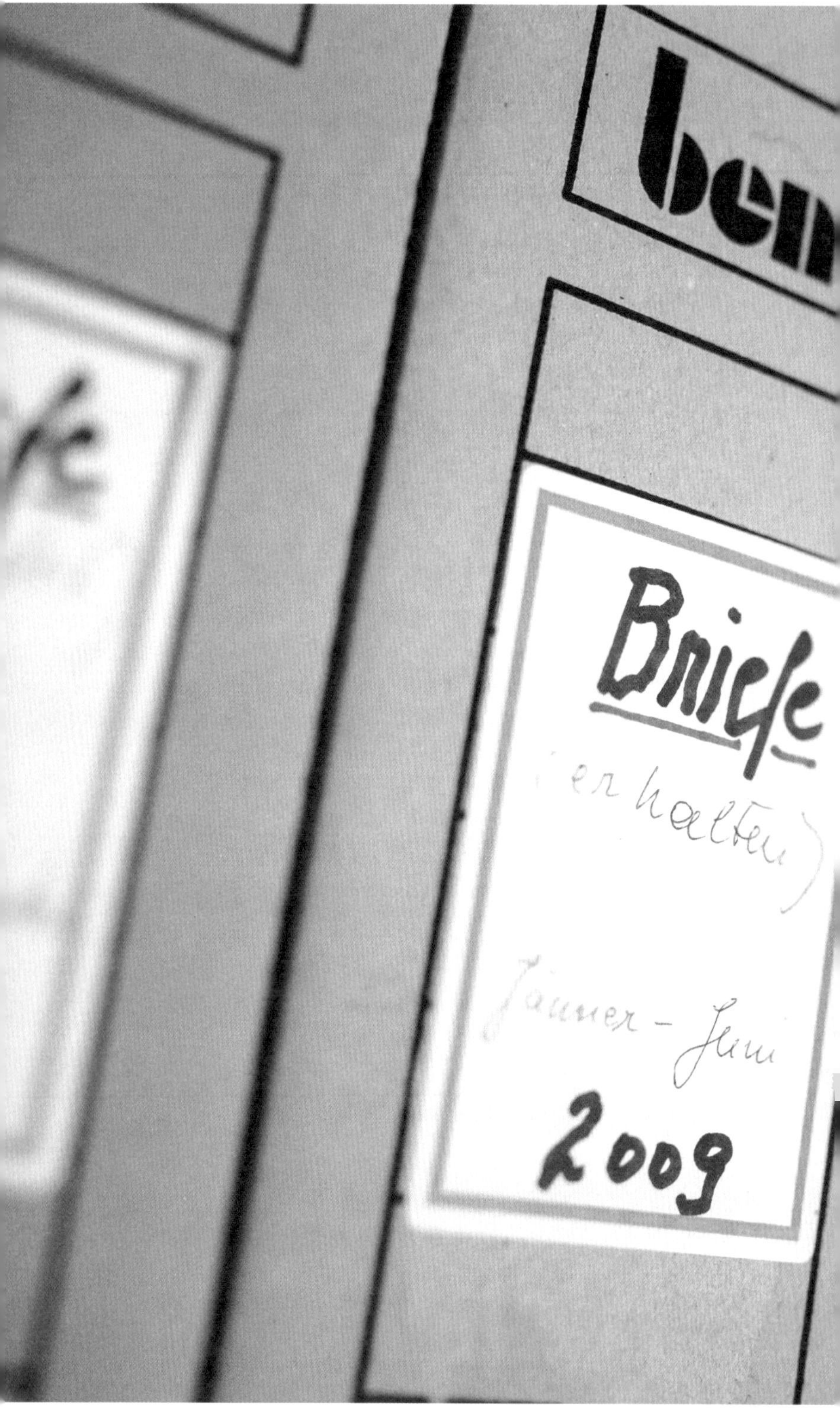
Briefe
(erhalten)
Jänner - Juni
2009

*Fotoshooting zwischendurch. Der
Autor und die Fotografin. Dass Turrini
vor Frauen zu knien pflegt, stellt er
nachdrücklich unter Beweis. Er ist
Wachs vor der Linse der Fotografin.
Nimmt bereitwillig jede Haltung ein.
Spaziert zum x-ten Mal die
malerische Kellergasse rauf und
runter. Scherzt in die Kamera, dass
sich die Balken biegen.*

Philosophen prägten Sie nicht, das haben wir zur Kenntnis genommen. Gab es literarische Vorbilder?

Turrini: Naja, wenn man sich die ersten Stücke anschaut, die ich als 14-, 15-Jähriger geschrieben habe, merkt man schon, dass da so Vorbilder wie Sartre oder Camus herumgeistern. Beeindruckt hat mich aber vor allem ein Buch, das in der dörflichen und postfaschistischen Nachkriegszeit mein politisches Bewusstsein entscheidend erweckt hat. Das war „Im Westen nichts Neues" von Erich Maria Remarque. Dieses Buch hat mich sehr beeinflusst, weil es sich gegen alle soldatischen Tugenden wandte. Weil es eine radikale Absage an den Krieg war. In ästhetischer Hinsicht hat mich „med ana schwoazn dintn" von H. C. Artmann fasziniert. So sehr, dass ich viele Gedichte auswendig lernte. Grundsätzlich hatte ich zu allem Geschriebenen sehr früh, und bis zum heutigen Tage, ein Fressverhältnis. Ich les' die Großen der Weltliteratur und „Asterix und Obelix" und die neueste „Hofer"-Postwurfsendung. Ich bin ein wortefressendes Krümelmonster. Ich verschlinge immer viel, zu viel von allem.

Hat es jemals irgendeine Alternative für Sie gegeben zum Dichter-Dasein? Sozusagen eine andere Abzweigung?

Turrini: Nein, nicht eine Sekunde. Bevor ich Schriftsteller wurde oder vom Schreiben leben konnte, war ich ja gezwungen, etliche Berufe auszuüben. Einige Zeit habe ich zum Beispiel als Magazineur bei Huber-Trikot gearbeitet. Da habe

„Die Liebe ist ein merkwürdiges Gefäß, sie beherbergt die Aufrichtigkeit und die Lüge."

ich unten im Keller die Unterhosen geschlichtet und musste dann immer diese Auftragspackerl mit den Unterhosen zusammenstellen. Aber schon dort bin ich in den Regalen gelegen in den Pausen und habe mir Gedichte oder Stücke ausgedacht. Also: Ich war sehr früh, mit 14, 15 ein Dramatiker, ein Schriftsteller. Vermutlich ein schauerlicher, aber immerhin.

Und wie ging es weiter?
Turrini: Der Erfolg begann mit der Uraufführung der „Rozznjogd". Von da an konnte ich dann auch finanziell vom Schreiben leben. Aber der Gedanke, etwas anderes zu machen? Nein. Es gab einmal eine Phase in meinem Leben, da war ich in der Psychiatrie im AKH, in der psychosomatischen Abteilung. Da habe ich gar nix mehr gemacht. Nicht etwas anderes. Sondern gar nichts mehr. Und da gab es den berühmten Professor Strotzka, der vor einigen Jahren gestorben ist. Der kam ins Zimmer und sagte zu mir: „Sie kommen da nicht mehr heraus, wenn Sie mir nicht bei der Visite ein Gedicht hinlegen." Ich glaube, das war das Gescheiteste, was er machen konnte. Weil er nicht auf die roten, blauen und grünen Pillen bestanden hat. Und daraus ist dann mein erster Gedichtband „Ein paar Schritte zurück" entstanden, ich habe ihn erst Jahre danach publiziert. Vorher hab ich mich nicht getraut, die Texte herzuzeigen. Aber die Urform dieses Buches waren die von Strotzka eingeforderten Protokolle einer schweren Depression, die ich zunächst nur im Spital vorgelesen habe.

Das war für damals schon sehr fortschrittlich.

Turrini: Der Mann war für mich die Rettung. Nach dem Spitalsaufenthalt habe ich bei ihm eine Analyse gemacht. Sie bestand im Wesentlichen aus Humor. Wenn ich mit dem Kopf an die Wand geschlagen habe, ist er dagesessen und hat gesagt: „Sie werden morgen ziemlich Kopfweh haben..." Wenn man die Gedichte auf das hin liest, enthalten sie ja immer solche Pointen, wo die Tragödie durch die Form der Komödie oder durch einen komödiantischen Satz wieder aufgehoben wird. Dass die Welt eine lustige Katastrophe sei, dass Tragödie und Komödie eng zusammensitzen, ist eine Prämisse meines Schreibens. Strotzka war ein Lebensgeschenk, weil er mir Mut gemacht und mich herausgeführt hat aus meinem Schlamassel. Ich werde das Bild nie vergessen: Er kommt zur Visite und sagt: „Wo ist das Gedicht?" und nicht „Wie geht's uns heute?" oder „Nehmen Sie wohl brav Ihre Tabletten?". Diese Frage „Wo ist das Gedicht? Wo ist das Stück? Wo ist die Literatur?" ist mir geblieben. Das Unglück ist ja nur insofern interessant, als es in Literatur übergeführt werden kann.

Die Offenheit und Rückhaltlosigkeit, mit der Sie über Ihre Depression reden, kennzeichnet auch sonst Ihre Äußerungen. Macht man sich da nicht angreifbar, wenn man so offen und öffentlich Ängste und Schwächen eingesteht?

Turrini: Im Leben ist nichts zu gewinnen mit Selbstzensur. Ich kann nicht Schriftsteller sein mit Rücksichtnahme gegen mich und meine

Familie oder so. Rücksicht ist ja nicht nur eine Methode, mit der man sich schützt, sondern auch eine, mit der man sein eigenes Schreiben zerstört.

Das klingt sehr radikal.
Turrini: Radikalität ist das Futter der Literatur. Wenn Du ein Gedicht liest und es Dir nahegeht, dann hat das einen ganz einfachen Grund: Es ist ein Moment der Wahrhaftigkeit gelungen. Wenn ich schummle, wenn ich mir denke, was werden die Verwandten dazu sagen und was wird der oder die denken, und was wird mein Nachbar sagen, funktioniert das nicht. Eigentlich ist mir etwas Positives widerfahren, gerade weil so viel Abgründiges oder Merkwürdiges in meiner Literatur steht: Es ist eine eigene Art des Vertrauens von Menschen mir gegenüber entstanden. Nicht wenige der Briefe, die ich bekomme, haben ungefähr folgenden Tenor: „Jetzt lese ich in dem Gedicht, dass es Ihnen so und so geht, Herr Turrini. Mir geht es auch so oder viel schlimmer." Unsere Schwäche oder unsere Abgründe sind also offensichtlich viel kommunikativer als unsere Verstellungen. Andererseits kann man sich in der Aufrichtigkeit sich selbst gegenüber auch maßlos irren. Was man selbst für aufrichtig hält, muss es ja nicht immer sein. Die Methoden, mit denen man sich schützt, können subtil sein. Können auch in Scheinaufrichtigkeit bestehen. Güte zu praktizieren zum Beispiel, kann ein Versuch sein, den anderen zu erpressen.

Fühlen Sie sich davor gefeit?
Turrini: Ich fühle mich vor nichts gefeit.

*Wieweit sind Ihnen da Beziehungen eine Hilfe
oder ein Korrektiv?*
Turrini: Bei dem Versuch, den Weg der Aufrichtigkeit zu gehen, habe ich in Auseinandersetzun-
gen mit Frauen viel gelernt. Wenn man beginnt,
sich voreinander zu schützen, lässt man schon
wieder voneinander ab. Und da ist dann das Unglück am Horizont sichtbar. Umgekehrt kann
man sich mit der Liebe auf ein hohes Maß an
Schutzlosigkeit einlassen, denn Du weißt, jetzt
kann Dir nichts passieren, der Mensch liebt Dich
oder Du liebst den Menschen. So geht es mir mit
der Silke. Das ist überhaupt das Tollste. Andern-
falls, wenn das Vertrauen zu bröckeln beginnt,
fängt die Maskerade und die Lüge an. Die Liebe
ist ein merkwürdiges Gefäß, sie beherbergt die
Aufrichtigkeit und die Lüge. Es ist erstaunlich,
wieviel von beiden in einer Flasche Platz hat.

*Angesichts solcher Widersprüche stellt sich
die Frage, die Sie ähnlich in Ihrem Essay
„Wie verdächtig ist der Mensch?" aufgeworfen
haben. Wie verdächtig ist denn der Turrini dem
Peter und der Peter dem Turrini?*
Turrini: Sehr. Wenn man das Beil der Erkenntnis
an die Wirklichkeit anlegen will und immer
wieder schmerzhaft herauszufinden sucht, was
da los ist in der Wirklichkeit, dann muss man das
Beil auch gegen sich selber richten. Und da muss

ich zugeben, dass ich, wie jeder Mensch zwischendurch, das Bedürfnis zum Tarnen und Täuschen habe. Ich bin dann doch zu sehr Italiener oder Halbitaliener, um nicht immer wieder meine Kasperliaden aufzuführen im Leben und in der Kunst. Außer in den Gedichten. Denen merkt man an, dass das Versteckspiel zu Ende ist.

Retz.

Wo Turrini gelebt hat, bevor er nach Kleinriedenthal gezogen ist. Der Autor bewährt sich als talentierter Fremdenführer. Schwärmt mit spürbarer Begeisterung von den Schönheiten der barocken Weinstadt. Im örtlichen Dominikanerkloster sind viele seiner Texte entstanden.

Turrini im Kloster. Wie kam es dazu?

Turrini: Ursprünglich wohnte ich in einem großen Haus am Anger in Retz, zusammen mit mehreren Familien, Freunden von uns. Es war immer ein wunderschöner Ort, um zu leben, aber halt nicht, um zu arbeiten. Ich konnte mich nicht so richtig konzentrieren in diesem Haus. Und da hat es sich dann ergeben, dass ich die Zelle 13 im Retzer Kloster bekommen habe, wo sich damals auch ein Dominikanermönch namens Christoph Schönborn aufhielt. In Summe habe ich die Zelle, glaube ich, elf Jahre bewohnt. Und in dieser Zeit war der Christoph Schönborn weit entfernt von jeder Heiligkeit. Der war ein studierender Mönch in diesem sehr großen Dominikanerkloster, wo es damals allerdings kaum noch Mönche gab, nur ein paar alte. Das war schön für mich zum Arbeiten, denn das Einzige, was manchmal zu hören war, war das Schlurfen eines dieser älteren Männer am Ende des Ganges, und sonst herrschte absolute Arbeitsruhe und Konzentration.

Stimmt es, dass nicht wenige Ihrer Texte hier im Kloster im wahrsten Sinne des Wortes aus der Taufe gehoben wurden?

Turrini: Ja, die Urlesungen der Stücke, die ich in Zelle 13 geschrieben habe, fanden im Refektorium statt. Die Zelle selbst war ein ziemlich schöner, großer Raum. Ich hatte da ein Bett, eine kleine Heizung, ein Waschbecken und einen riesigen Christus über dem Schreibtisch. Diesen Christus habe ich manchmal abgehängt und aufs Bett gelegt. Weil ich das Gefühl hatte, was ich jetzt gerade schreibe, geht im Angesicht des Herrn Jesus Christus zu weit. In dieser Zeit kam alle zwei, drei Tage der Christoph in die Zelle, und ich hab' ihm erzählt, was ich gerade mache. Und wir haben über Kunst und Religion diskutiert.

Sie sollen ihm auch vorgelesen haben.
Turrini: Ja, immer die ärgsten und ordinärsten Stellen. Es war ein friedvolles und freundschaftliches Zusammentreffen. Das Kreuz lag meistens auf dem Bett. Dann kam die katholische Karriere auf den Christoph zu, zuerst der Weihbischof. Wir haben noch ein Abschiedsfest in einem der großen Weinkeller veranstaltet, ein eher trunkenes, glaube ich. Ich kannte den Christoph von seinem Vater Hugo, ein Farbenlehrer, der in den 1950er-, 1960er-Jahren ein bekannter Maler war. Einer, der die Familie geschwänzt hat. Und so ist der Christoph als etwas verlorener Sohn bei den Patres gelandet. Ich nehme an, er wird dort verbleiben, bis er Papst geworden ist. Was ich mir sehr wünsche. Dann könnte ich Ringküssen im Vatikan, und vor allem komme ich dann endlich in den gesperrten Teil der Vatikanischen Museen hinein.

Das hört sich nach einer recht intensiven Freundschaft an.
Turrini: Sie war sehr intensiv, vor allem, weil der Christoph in Kunstfragen im positiven Sinn vorgeprägt war. Zum einen war er sehr gebildet und belesen. Er hat ja selbst einige Bücher geschrieben, über Ikonen beispielsweise. Zum anderen

war er durch seinen Künstlervater vorbelastet. Umso mehr hat mich gekränkt, dass er seinerzeit gegen den Karikaturisten Gerhard Haderer und dessen Jesus-Buch eine Kampagne losgetreten hat. Es gibt darüber auch einen öffentlich geführten Streit zwischen ihm und mir, der letztlich auf die schlichte Frage hinauslief, welcher Teufel ihn da geritten hat. Diese Frage hat er wahrheitsgemäß beantwortet mit dem Satz „Ich fürchte: mehrere". Man sieht, dass wir wirklich ein humorvolles, freundschaftliches Verhältnis hatten. Inzwischen ist er natürlich von seinem Amt so in Beschlag genommen, dass wir uns nur noch selten sehen oder hören. Er hat zwar noch eine Zelle im Dominikanerkloster, aber wie ich höre, ist er ganz selten da. Ich glaube, es geht ihm so wie Leuten, die lange bei der Gewerkschaft sind. Irgendwann einmal verlieren sie die Idee, für die sie eingetreten sind, weil der Job so anstrengend und mit Terminen überfrachtet ist. Je höher man aufsteigt, desto weniger hat man mit dem Gegenstand zu tun, für den man einmal in die Welt getreten ist.

Laufende
Ereignisse

Krems.

Archiv der Zeitgenossen am Campus der Donauuniversität.
Ein eindrucksvoller unterirdischer Bau des Architekten Adolf Krischanetz. Dort lagern derzeit die Vorlässe von Friedrich Cerha und Peter Turrini. Freundlicher Empfang durch Christine Grond, die Leiterin des Archivs.

Wie ist es, wenn Sie hier in dem Archiv sitzen und konfrontiert sind mit Ihrem Lebenswerk?

Turrini: Ich hab' sehr gemischte Gefühle. Ich wäre ja ein dummer Kerl, wenn ich es nicht auch schön fände, dass alles da liegt und aufgearbeitet wird. Und so schöne und intelligente Studentinnen hier sitzen. Das ist ein Beitrag zur menschlichen Herzerwärmung. Außerdem macht es die Leiterin des Archivs, die Frau Dr. Grond, ganz großartig. Aber dass es mir wirklich ganz tief etwas bedeuten würde, das kann ich nicht sagen. Ich hab eigentlich zum literarisch Gewesenen ein sehr distanziertes Verhältnis. Meist kommt in mir der Appell hoch: „Mach etwas Neues!". Deshalb suche ich das Archiv nicht so oft auf. Das Gewesene beherrscht mich ganz und gar, was die seelischen Zustände und die Erinnerungen betrifft, nicht aber, was das Literarische betrifft.

Hier im Archiv liegt auch der Vorlass von Friedrich Cerha, der ein Libretto von Ihnen („Der Riese von Steinfeld", Staatsoper Wien, 2002) vertont hat. Welches Verhältnis haben Sie zur Musik?

Turrini: Ich bin extrem unmusikalisch, singe aber trotzdem vor mich hin, wenn keine Menschen in der Nähe sind. Ich bin zwar zu sehr viel Unglück in der Lage, aber auch zu viel Frohgemut.

Spielen Sie ein Instrument?

Turrini: Nein. Dennoch habe ich das Gefühl, dass meinen Gedichten, aber auch meiner Dramatik manchmal ein tonales Konzept zugrunde liegt.

Wie andere Leute hören, dass ein Ton nicht stimmt, so höre ich, dass ein Wort nicht stimmt. Wenn man so will, ist das mein Verhältnis zur Musik. Es gibt inzwischen ja einige „Veroperungen" von mir, und jede Zusammenarbeit mit Komponisten hat mich erstaunt und begeistert zugleich, weil mir nicht erklärlich ist, wie man komponieren kann. Wie man dichtet, weiß ich. Ich hab einen unglaublichen Respekt vor Komponisten. Zum Beispiel vor Friedrich Cerha, der sich manchmal ans Klavier gesetzt und mir was Neues vorgespielt hat, einfach so.

Ist Ihnen Musik auch sonst wichtig?
Turrini: Auf eine schrecklich kitschige Art. Der Vater hat wenig mit uns geredet, was vor allem an der Sprachbarriere lag, und lieber gesungen. Als junger Mann war er Statist in der Arena von Verona. Und später hat mein Halbbruder Valentino ständig italienische Arien gesungen. Man kann mich mit „La Bohème", einem der kitschigsten Werke der Operngeschichte, in Tränenfluten stürzen. Oder Adriano Celentano: den hab ich mir jahrelang im Auto angehört und mitgesungen. Aber nur, wenn niemand mitgefahren ist.

übrig, wenn

In diesem Archiv kann man feststellen, dass es Übersetzungen Ihrer Stücke in mittlerweile mehr als dreißig Sprachen gibt. Was ist das für ein Gefühl, ein eigenes Werk in einer völlig fremden, vielfach auch unverständlichen Sprache zu lesen?

Turrini: Am Anfang war es eine kindliche Freude! Mit diesen Übersetzungen waren ja jeden Abend Aufführungen irgendwo auf der Welt verbunden. Die hab ich mit Fähnchen auf einer Landkarte markiert. Als Originalautor bekommt man die Übersetzungen zugeschickt und muss sie approbieren. Ich hatte natürlich von keiner Sprache eine Ahnung, außer von Italienisch. Da habe ich immer eifrigst die Übersetzungen gelesen und korrigiert. Ansonsten habe ich unterschrieben und mich gewundert, wenn plötzlich eine koreanische oder philippinische Übersetzung daherkam.

Ist das nicht für einen Sprachmenschen wie Sie fast nestroyisch, sagen zu müssen: Jetzt versteh' ich mich selbst nicht mehr?

Turrini: Abgesehen von der Anfangseuphorie hat diese internationale Resonanz nie wirklich einen bleibenden Trost hinterlassen. Die Silke sagt oft: „Freu Dich doch darüber!" Ich hatte so eine Sehnsucht, dass ein Stück von mir aufgeführt wird, und als ich dann endlich da oben auf der Bühne stand, war ich auch selig. Aber kein Erfolg, kein Sieg hat dieses komische Gefühl ausgleichen können, dass der Abgrund nicht weit entfernt ist. Wenn die düsteren Phasen wiederkehren – heuer im Winter war's leider besonders extrem –, dann hält mich gar nichts mehr. Auch nicht die vielen Übersetzungen, die da hinten auf dem Regal stehen. Ich kann mir meine eigene Bedeutung, falls es eine gibt, nicht zufächeln. Der Abgrund ist immer da. Andererseits ist das vielleicht der Motor, der mich antreibt, wie ein Verrückter weiterzuschreiben. Ich könnte ja sagen: „Gib Ruhe, geh in Pension und hör zum Dichten auf, hast eh schon dreihundert Kilo zusammengedichtet!" Aber es verhält sich genau umgekehrt. Komisch, dass ein Mensch, der zumindest vom Gewicht her schwergewichtig ist, immer das Gefühl hat, er existiere nur in der federleichten Form der Sprache.

Ermöglicht hat das Archiv Erwin Pröll. Manche sind doch sehr erstaunt, dass Sie eine recht deutliche Nähe zum Landesfürsten haben...
Turrini: Das ist auch für mich erstaunlich. Denn die einzige Politikernähe in meinem Leben, die ich hatte, war die zu Bruno Kreisky. Und zwar aus einer großen Verehrung heraus. Da gab es schöne Kontakte, Freundschaft wäre zu viel gesagt. Für mich war er ein Gesprächspartner von witzigsten, klügsten und informativsten Dimensionen. Manchmal war auch der André Heller dabei, Kreisky hat halt solche Vögel wie den Heller und mich recht gern um sich versammelt. Meist nach der Regierungsarbeit, spätnächtens. Wir haben über Kunst und Frauen geredet. Wobei das Letztere eines seiner Lieblingskapitel war. Wenn ich auffällig viele Bemerkungen in diese Richtung gemacht habe, dann hat der Kreisky ungleich auffälligere Bemer-

kungen gemacht. Das waren schöne Begegnungen mit ihm.

Aber Erwin Pröll ist ja ein völlig anderer Mensch und Politiker?
Turrini: Was für die Kunst und für die Künstler – auch für einzelne, die Hilfe brauchen – hier in diesem Lande geschieht, und oft durch ihn persönlich geschieht, das beeindruckt mich sehr. Sein Entschluss zum Beispiel, in Mistelbach ein Nitsch-Museum zu errichten, hat die ÖVP-Bauernschaft in einem erheblichen Maß aufgebracht. Er hat darüber gelacht und gemeint: „Dann mögen sie mich halt eine Zeit lang nicht. Nitsch gehört nach Mistelbach ins Museum."

Dennoch: Blenden Sie da nicht politische Realitäten aus? Auch den Machtmenschen Erwin Pröll?
Turrini: Nein. Das war ja jetzt keine Eloge auf die ÖVP. Ganz im Gegenteil, ich habe sie auch nie gewählt. Es ist eine Anerkennung dessen, was in diesem Bundesland kulturell passiert. Ein letzter Satz dazu: Ich habe die Zeiten in Kärnten noch in Erinnerung, als über viele Jahre die FPÖ oder das BZÖ dort regierte und ein kulturelles Projekt nach dem anderen abgewürgt wurde, wenn es nicht aus der Schuhplattlei kam. Da lobe ich mir die niederösterreichischen Verhältnisse.

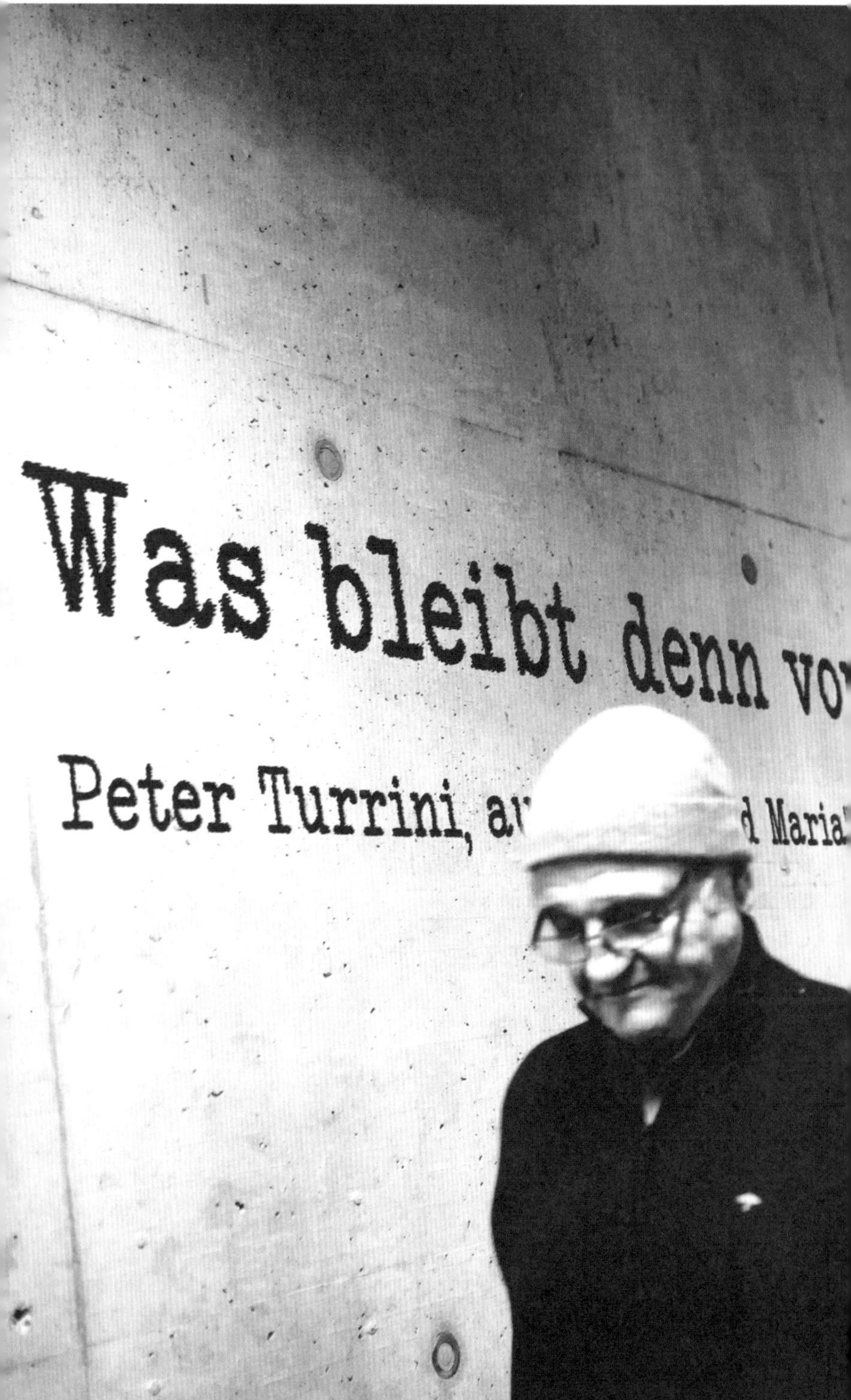
Was bleibt denn vo
Peter Turrini, a
d Maria

inem übrig. Wenn nicht vor einem Vergleich

Šafov.

*Der Autor chauffiert die Interviewer
von Krems nach Kleinriedenthal.
Schlägt einen Abstecher nach Šafov
vor, einem kleinen Ort in Tschechien,
gleich hinter der Grenze. Dort gab es
bis zur Machtübernahme durch die
Nazis ein außergewöhnliches
Miteinander von Juden, deutsch-
sprachigen Siedlern und Tschechen.
Sie bildeten eine Produktionseinheit
zur Herstellung von Lederwaren.
Heute zeugt von diesem friedlichen,
produktiven Zusammenleben dreier
Ethnien ein weithin unbekannter
jüdischer Friedhof, den die Natur zu
hüten scheint. Er liegt auf einem
bewaldeten Hügel mit Blick auf einen
kleinen See, in dem weiße Schwäne
majestätisch ihre Runden drehen. Als
Turrini und Silke Hassler das grenz-
überschreitende Retzer Festival ins
Leben riefen, wurde die Gründungs-
erklärung auf diesem Friedhof ver-
lesen, um an den Geist der früheren
Gemeinsamkeit zu erinnern.*

Sie haben zuletzt auch Kinderbücher geschrieben. Welches Verhältnis haben Sie zu Kindern?

Turrini: Ich kann, was natürlich auch ein Nachteil ist, nichts vergessen. Auch meine Kindheit nicht. Insofern habe ich zu Kindern ein gleichberechtigtes Verhältnis, sie sind mir nahe, sie kommen mir nicht wie andere Wesen vor.

Sondern?

Turrini: Wenn ich mich mit der Theresa, der Tochter meiner Nachbarin, wie in dem Buch „Manchmal ist ein Fasan eine Ente" unterhielt, dann waren das teilweise ernsthafte, philosophische Debatten, weil für mich Kinder nicht das sind, wofür man sie üblicherweise hält. Ich hab auch die alten Frauen in den Kirchen nie als alte Frauen in den Kirchen empfunden, sondern als Gefäß ihrer gelebten Geschichte. Und Kinder sind das Gefäß ihrer eigenen Wahrnehmung, die mir irgendwie vertraut ist.

Mittlerweile sind Sie ja auch Großvater. Welche Art von Vertrautheit stellt sich da ein?

Turrini: Ich merke, welche Freude mir mein Enkelsöhnchen macht. Ich bin ja mit meinem Leben sozusagen in der Schlussrunde, und plötzlich sehe ich, was das für ein merkwürdiger, aber auch schöner Zyklus ist. Auf einmal hast Du wieder ein Stückchen Leben in der Hand, und die ganze Schönheit und die ganze Entsetzlichkeit beginnen wieder von vorne. Und Du weißt, nichts davon ist vermeidbar. Das ist etwas, das im

Augenblick in mir umgeht: Diese Frage von Geburt und Tod. Der Tod interessiert mich schon von Berufs wegen, denn Dramatiker lassen ja die meisten ihrer Figuren sterben.

Naja, manchmal ist das eher eine Notlösung.
Turrini: Stimmt. Es ist wirklich oft der letzte dramaturgische Ausweg, wenn man nicht mehr weiter weiß. Aber inzwischen ist das Sterben nicht nur ein Fall für die Literatur, sondern auch ein Fall für mich selbst. Das beschäftigt mich sehr. Ein ganzes Leben lang habe ich mich geschlagen und gewehrt. Um meine Situation zu verändern, um aus Abgründen wieder herauszukommen. Und jetzt werde ich das erste Mal vor eine Lebenssituation gestellt, in der man kämpfen kann, wie man will: Man fällt in die Grube. Ein ziemlich unangenehmer Gedanke.

Wie gehen Sie damit um?
Turrini: Natürlich kann ich Wellness-Tempel aufsuchen. Ich kann auch mit dem Expander trainieren und Laufrunden drehen. Aber das sind ja nur kurze Unterbrechungen eines klar vorgezeichneten Weges. Und das ist irgendwie beschissen. Bis jetzt dachte ich immer, ich kann das Ruder herumwerfen. Ich habe es auch immer herumgeworfen. Und jetzt habe ich das Gefühl: „Ja, tu nur. Dir werden die Hände schon herabsinken vom Ruder, das Du angeblich in der Hand hältst."

Macht Ihnen das Angst?

Turrini: Nein, es ärgert mich. Der Tod macht mir überhaupt keine Angst, weil ich glaube, dass die Einzigen, die davon etwas merken, die sind, die das Begräbnis organisieren müssen. Man ist am Tod am wenigsten beteiligt als Toter. Nein, es ist der Weg dorthin, dieses Unabänderliche. Meine ganze Literatur ist ja vom Gedanken durchdrungen, man kann etwas ändern! Indem wir die Schrecken aufzeigen, vermeiden wir vielleicht die Schrecken. Aber den Schrecken des Todes oder des Sterbens kann ich noch so oft aufzeigen, da ist nichts zu vermeiden.

So fatalistisch klingen Sie selten.

Turrini: Es geht ja noch weiter. Angesichts dieser Unausweichlichkeit liegt der Gedanke nahe: kürzt den Weg halt ab und bringst Dich um. Dann wieder denkt man: „Aber die Rosen blühen grad so schön." Oder: „Deine Tochter ist grad so eine Freude." Oder Deine Geliebte sagt: „Du bist ganz schön deppert, wenn Du so etwas sagst." Dann hörst wieder auf mit dem Gedanken. Aber naheliegend ist er schon. Man muss ja nicht alle Intensivstationen der Wiener Spitäler testen.

Haben Sie eine Jenseitsvorstellung?

Turrini: Nein, überhaupt keine. Nicht die geringste. Das wäre zu schön, um wahr zu sein, dass man in den Himmel kommt. Wo es womöglich aussieht wie im Katechismus meiner Kindheit. Da waren alle jung und schön und haben lange Gewänder getragen. Und ich hab' mir immer vorgestellt: unter diesen Gewändern sind lauter nackte Frauen. Ein Himmel voller geiler Engel! Leider nein. Ein Nachher ist mir unvorstellbar, weil ich zu sehr mit den – nicht immer erfreulichen – Ausformungen des Lebens beschäftigt war. Und außerdem: Alle Jenseitsmodelle wirken so wenig animierend. Beispielsweise die 40 Jungfrauen im Islam, das ist ja unbewältigbar. Oder die Paradiesvorstellung des Katholizismus. Also, nach den Beschreibungen, die ich gelesen habe, muss es dort sehr fad zugehen. Und dass man im Paradies alle wiedertreffen soll, auch die Idioten, das ist ein absurder Gedanke. Und einer dieser Vollidioten bin ich selbst!

Fakt ist, dass es keinen glaubwürdigen Entschuldigungsgrund gibt, um seiner eigenen Beerdigung zu entgehen?
Turrini: Nein, dem Unterricht kann man fernbleiben, indem man selber eine Entschuldigung schreibt und die Eltern sterben lässt. Aber den eigenen Tod kann niemand anderer sterben. Wir waren einmal mit dem George Tabori bei einer Brecht-Veranstaltung in Berlin. Wir saßen alle auf der Bühne, und jeder hat irgendein Gedicht von Brecht vorgetragen. Der George war damals so an die 90, und ich hab' ihn zwischendurch leise gefragt: „George, denkst du oft an den Tod?" Und er hat geantwortet: „Nein, ich denke daran, was man mit den Fingern noch alles machen kann." Der George war halt ein Philosoph des Praktischen.

Es gibt die These, dass alle ernstzunehmenden
Autoren letztlich an einem Buch schreiben.
Was würden Sie als das Zusammenhängende
Ihres Werkes sehen?
Turrini: Dass allen meinen Stücken ein grandioser Entwurf des Menschen zugrunde liegt. Der dann freilich misslingt. Es gibt in meinen Stücken, vielleicht merkt man es zu wenig, eine wahnsinnige Sehnsucht nach Schönheit. Sehnsuchtsentwürfe von Menschen, die sich nicht einlösen, weil sie durch die Wurstmaschine des Lebens getrieben werden. Aber aufgegeben werden diese Entwürfe letzten Endes nie. Das unterscheidet mich von vielen meiner Autorenkollegen. Ich versuche meine Figuren, wie übrigens auch mich selbst, über den Abgrund zu retten. Während ich schon in ihm versinke, frage ich mich, was könnten wir noch machen. Wo bekommen wir noch schnell eine Steigleiter her? Deshalb bin ich ja so gegen den Tod. Da gibt mir niemand eine Steigleiter.

„Man ist
am Tod
am wenigsten
beteiligt
als Toter."

Maria Saal.

Hoch oben die Wallfahrtskirche aus dem 15. Jahrhundert. Versteckt im Zentrum der legendäre Tonhof des Künstlerpaares Maja und Gerhard Lampersberg mit seinem weitausschwingenden Park. In den 1950er-, 1960er-Jahren für eine Reihe von Schriftstellern, Musikern und Bildenden Künstlern, unter ihnen H. C. Artmann, Thomas Bernhard, Christine Lavant, Friedrich Cerha und Peter Turrini, Zufluchtsort und Ersatzheimat. Neuerdings wird der Tonhof wieder für Kulturveranstaltungen genützt.

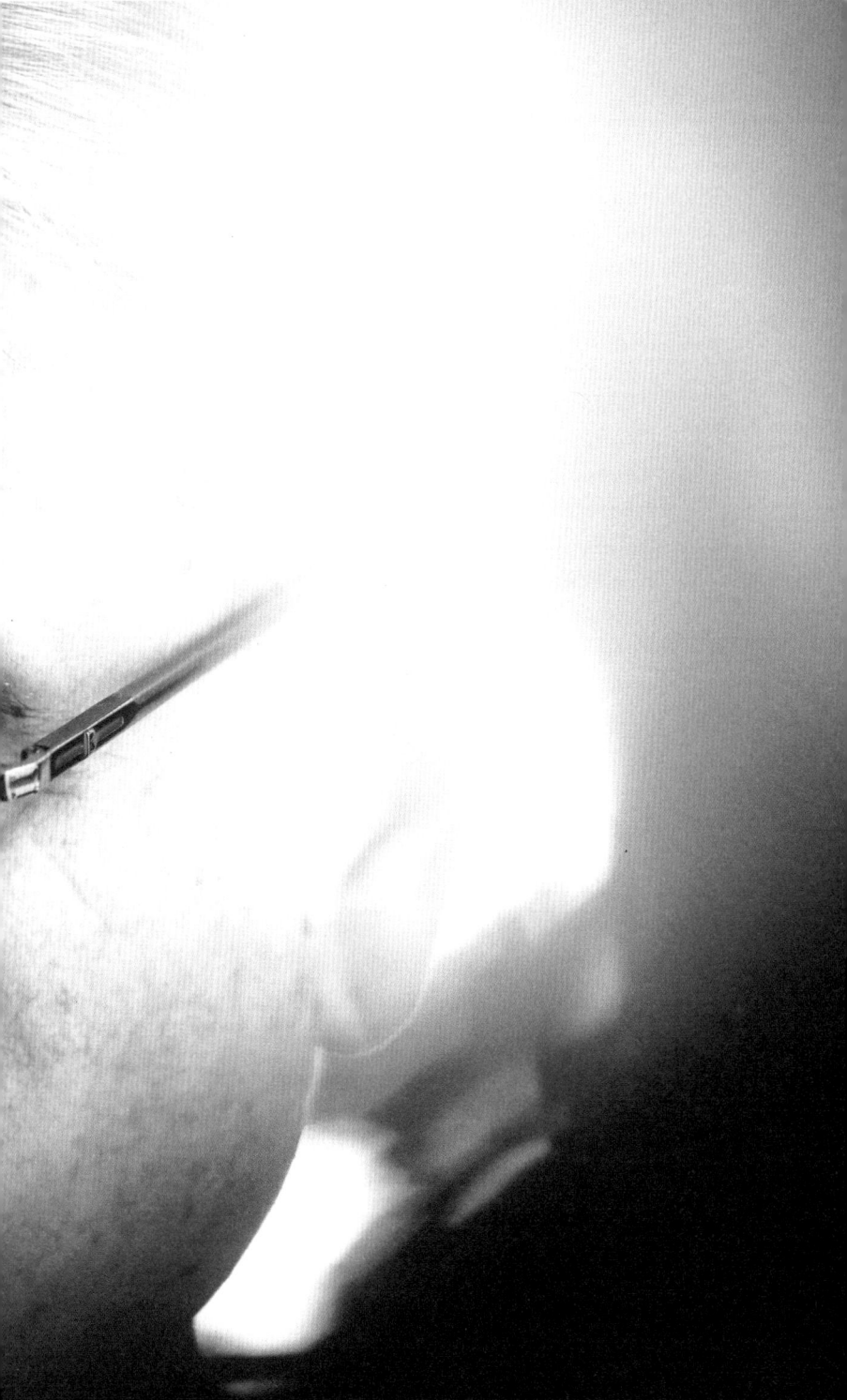

*Wir sind hier am Tonhof, wo Sie quasi zum
zweiten Mal geboren wurden. Als 15-Jähriger,
der dringend Dichter sein wollte. Welche Gefühle
haben Sie bei der Wiederkehr in dieses Gebäude,
das einstmals ein Zentrum der neuen österreichischen Literatur war? Sie haben einmal
gesagt, dass in der Erinnerung die Räume der
Kindheit und Jugend größer werden, doch sobald
man sie wieder aufsuche, wirkten sie seltsam
klein. Ist das hier auch so?*

Turrini: Ich habe zwei Empfindungen. Zum einen
ein aufwühlendes Gefühl. Weil ich merke, dass
von den Dingen, die seinerzeit hier passiert sind,
nichts in mir vergangen ist. Alles erscheint mir
gegenwärtig. Zum anderen sind mir die Räume,
damals mit 15 Jahren, wirklich viel größer vorge-
kommen. Sicher auch wegen der vielen Künstler,
die sich hier immer versammelt haben.

*Ist dieses aufwühlende Gefühl, von Ihnen auch
als Schauder der Erinnerung bezeichnet, nur
bedrückend, oder gibt es da auch positive
Schwingungen?*

Turrini: Der Schauder ist sehr groß, und er
schließt viel Schönes ein. Hier unternahm ich
meine ersten Versuche, eine literarische Existenz
zu führen. Mein Lehrmeister dabei war Gerhard
Lampersberg. Er saß genau an dem Tisch, an
dem wir jetzt sitzen, und hat mir beigebracht,
wie viel Geschwätz in meinen jugendlichen Gedichten steckte und wie der Kern herauszuarbei-
ten sei. Und dass die Arbeit an der Form eine
ganz entscheidende Sache ist. Aber dieses Bei-

bringen erfolgte nie so, dass der Gescheitere dem Dümmeren etwas einbläuen wollte. Seine größte Leistung und sein größtes Geschenk war, dass er mir Respekt entgegenbrachte. Manchmal sogar viel zu viel. Wenn ich heute die Gedichte von damals lese, packt mich auch ein Schauder über so viel Dilettantismus. Trotzdem war es wunderbar, auf einmal nicht mehr der Unfähige zu sein. Ein schulischer Depp war ich ohnehin, ich hatte immer nur Vierer und Fünfer, aber hier tat ich etwas, das auf Anerkennung stieß. Und umso größer waren natürlich mein Lernwille, mein Zuhören, mein Ehrgeiz, meine Dankbarkeit.

Der Tonhof wurde nicht nur als Ort der Kreativität bekannt. Da gab es schon andere Geschichten auch?
Turrini: Die Kreativität stand schon immer im Vordergrund. Aber es war halt auch ein Ort der Trunkenheit, in vielerlei Hinsicht. Irgendwo im Haus gab es immer Alkohol oder Kaffee und Kuchen. Durch diese Räume wanderte Frau Fini, eine Bedienerin, mit voll belegten Tabletts. Während bei uns daheim – am Fuße des Dorfes – die Kredenz immer versperrt war, es immer nur ganz bestimmte und strenge Essenszeiten gab. Allein schon diese Freizügigkeit der Ernährung hat eine große Faszination auf mich ausgeübt.

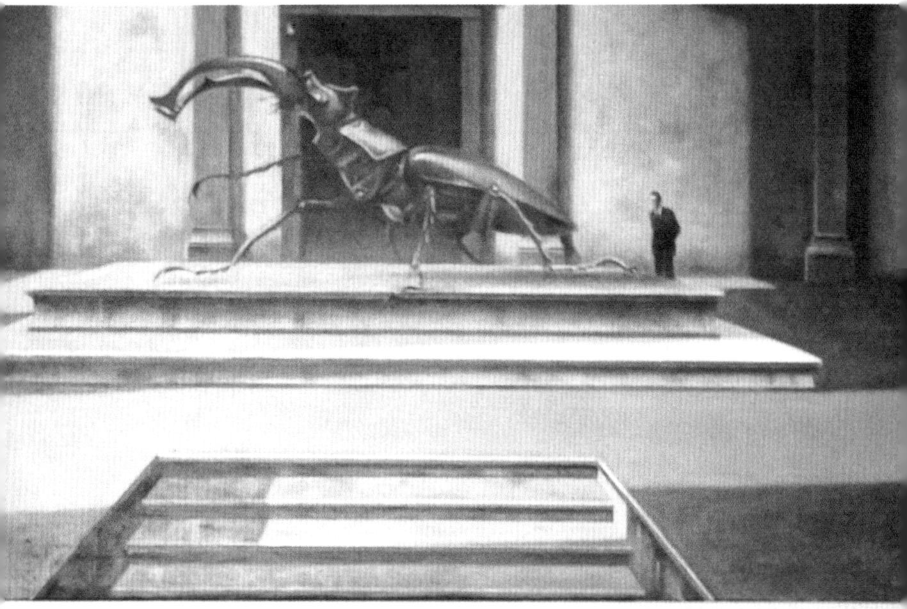

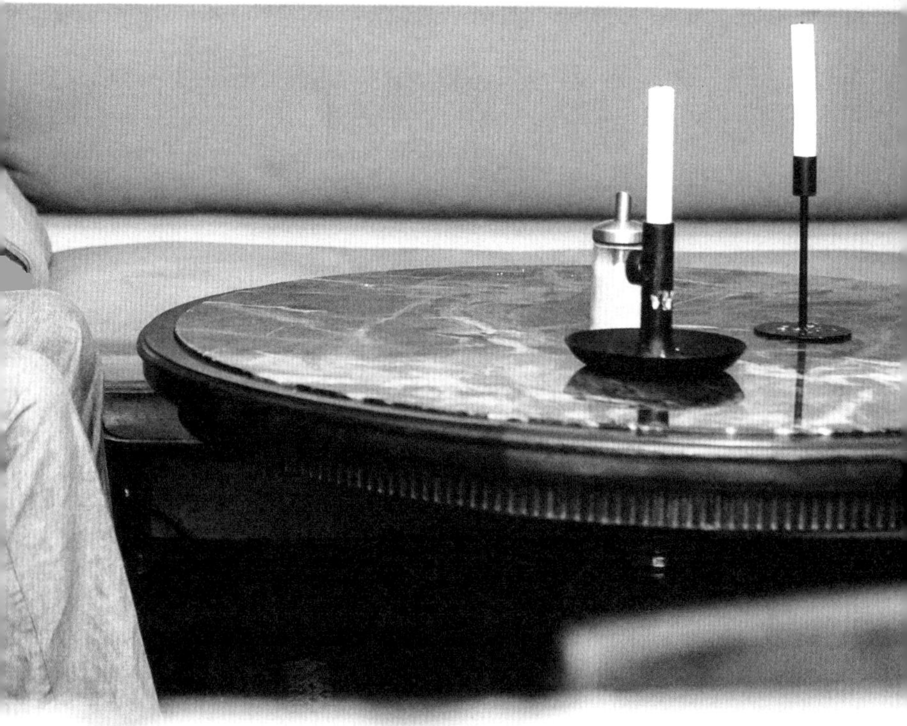

*Sie durften da einfach dabei sein? Sie waren ja
weitaus jünger als die anderen?*

Turrini: Das schon, aber man darf nicht vergessen, dass die später berühmt gewordenen wie
Artmann und Bernhard damals auch mehr oder
weniger Jünglinge waren. Und außerdem hatten
sie alle kein Geld und wurden von den Lampersbergs ausgehalten. Sie waren Schnorrer. Die große österreichische Literatur begann schnorrend.
Der erste, der ein Geld verdiente, war der H. C.
Artmann. Weil er am frühesten Tantiemen bekam, für seinen Gedichtband „med ana schwoazn
dintn". Ich werde nie vergessen, wie er uns alle
eingeladen hat in die Gasthäuser. Artmann war
immer maßlos großzügig. Der Bernhard dagegen
war geizig und wurde immer geiziger.

*Sie haben hier auch die Bibliothek nützen
dürfen?*

Turrini: Das war wie die Auffindung eines Schat-
zes. Entscheidend waren nicht die vorhandenen
Bücher, sondern dass es Zeit und Muse gab, sich
mit ihnen zu beschäftigen. Das war bei uns daheim völlig anders. Ich muss das ohne Bitterkeit
und üble Nachrede sagen. Immer wenn ich ver-
suchte, mich in ein Buch zu versenken, kam die
Aufforderung meiner Mama: „Geh in die Werk-
statt. Tu was. Hilf Deinem Vater! Wir haben kein
Geld! Geh lernen! Damit's net durchfallst in der
Schule!" Hier im Tonhof war genau das Gegenteil
der Fall. Es war geradezu ein Erfordernis, sich in
den Garten zu setzen, ein Buch zu lesen und dann
das Gelesene oder Geschriebene in die Abend-

unterhaltung einzubringen. Ein durch und durch literarischer und natürlich auch alkoholischer Ausklang.

Haben Sie sich beteiligt an diesen Gesprächen?
Turrini: Am Anfang überhaupt nicht, weil ich viel zu schüchtern war. Diese Gespräche waren wie ein blitzschnelles Pingpongspiel der Worte, das nicht selten damit einherging, auf Kosten anderer in der Runde Pointen herauszuschlagen. Man lizitierte sich hoch, jeder wollte den literarisch besseren Satz hervorbringen. Ich war dankbar, dass man den 15-Jährigen Dicken vom Dorfrand da heraufholte. Und hab das Maß an Spott, das mir entgegengebracht wurde – vor allem vom Bernhard –, nicht so ganz durchschaut. Weil es andererseits liebenswürdige Menschen wie die Christine Lavant gab, die immer da im Eck saß und sich schützend vor mich stellte: „Jetzt lasst's den Buabn doch in Ruah!"

Der junge Turrini heißt in Ihrem Stück „Bei Einbruch der Dunkelheit" Alois, und auch der sieht sich mit einem Mal in die Welt des Konversations-Pingpongs versetzt. Wie der junge Turrini ist er fasziniert von dieser Welt, fühlt sich daheim aber wie ein Verräter. Sie rühren hier offenbar an einen wunden Punkt?
Turrini: „Bei Einbruch der Dunkelheit" ist von allen meinen Stücken das biografischste, weil es den Versuch darstellt, meine eigene Rolle am Tonhof literarisch zu hinterfragen. Und dabei bin ich auf einen großen Widerspruch in meiner

Person gestoßen. Ich hab' mich ja ein Leben lang als Exponent und Beschreiber und Beförderer der Arbeiterklasse verstanden. Trotzdem hat hier am Tonhof mit 15 Jahren ein Klassen- und Familienverrat stattgefunden. Das hab ich erst im Nachhinein und bei dem Versuch, mit mir selbst ins Gericht zu gehen, herausgefunden. Ich fand es hier einfach wesentlich interessanter als daheim. Die Armut zu Hause kam mir geradezu bedrängend vor. Und die Freiheit – auch die ökonomische Freiheit – im Gegensatz dazu verführerisch. Schließlich bin ich wochenlang nicht mehr heimgegangen, auch nicht mehr in die Schule, und der Lampersberg hat das auch noch gefördert. Er verhielt sich wie ein Ersatzvater und erklärte den Lehrern und meiner Mama, dass ich ein jugendliches Genie sei, für das man Verständnis aufbringen müsse. Meine Mutter war aber einfach nur verzweifelt. Sie fragte sich ein ums andere Mal: „Wie soll das werden? Wo wird das enden? Wir schinden uns und er sitzt da oben bei den Reicheren und Besseren.“

Thomas Bernhard hat in seinem Roman „Holzfällen" ein ganz anderes Bild von Gerhard Lampersberg gezeichnet. Wie war Ihre erste Reaktion auf das Buch?
Turrini: Voller Entsetzen und voller Wut. Und ich stand damit nicht allein. Auch Artmann und viele andere waren fassungslos. Allerdings muss ich etwas ganz klar sagen: „Holzfällen" ist ein großartiges Buch. Ich habe es jetzt für unser Gespräch wieder gelesen. Es entfaltet einen Sog, der einen

erfasst und nicht mehr loslässt. Das ist eine ästhetische Meisterleistung. Und es ist gleichzeitig das schäbigste Buch, das ich je gelesen habe, denn nichts von dem, was da drinsteht, ist wahr. Ich weiß schon, dass Wahrheit kein Kriterium der Literatur ist, aber ich habe die wirklichen Vorgänge ja alle mitgekriegt. Alles hat sich genau umgekehrt abgespielt. Nie saß der Bernhard im berühmten Ohrensessel, sondern meistens der Lampersberg. Und immer war es Bernhard, der Lampersberg nachgelaufen ist. Der ihn immer auch künstlerisch angeschnorrt hat, doch endlich seine Werke zu vertonen. Und dieser Perspektivenwechsel, den der Thomas da vornimmt, den finde ich gegenüber dem Menschen, der ihn – in Summe mit Unterbrechungen – sechs Jahre – sechs Jahre! – durchgefüttert hat, von einer unglaublichen menschlichen Schäbigkeit. Der Artmann wollte den Bernhard sofort erschießen, als er das gelesen hat.

Ohne Bernhard verteidigen zu wollen: Seine Übertreibungskunst und seine Vernichtungswut hatten ja damals schon Methode...
Turrini: Aber bei „Holzfällen" geht es um viel mehr. Dieses Verdikt, das da entstanden ist gegen Lampersberg – auch gegen seine Kunst –, das hat 30 Jahre gehalten. Erst jetzt finden sich immer mehr Leute, die die Musik Gerhard Lampersbergs wieder entdecken. Einer der Untergriffe Bernhards lautete, dass er ein schlechter Komponist in der Webern-Nachfolge sei. Das war der Vorwurf, der Lampersberg am meisten getroffen hat.

Und das Verdikt wurde so schwerwiegend, weil Bernhard nach „Holzfällen" immer berühmter wurde. Wenn dagegen der Name Lampersberg fiel, fiel im selben Atemzug der Satz: „Ah, das ist ja ein schlechter Komponist." Diese Geringschätzung hat Lampersberg zerstört. Er ist schwerst alkoholabhängig geworden, hat sich den Kopf weggesoffen, buchstäblich. Ist infantilisiert in einem Krankenhaus gesessen und war zum Schluss völlig hilflos. Den Schmerz darüber, dass da ein Mensch, der gemeinsam mit seiner Frau so unglaublich viel getan hat für die österreichische Literatur, durch ein Buch in seiner künstlerischen und menschlichen Existenz vernichtet wurde – den habe ich bis heute über alle Gräber hinaus. Und wenn ich das Haus hier betrete, spüre ich diesen Schmerz ganz besonders. Ich kann einfach nicht verstehen, warum Bernhard das getan hat.

Hatten Sie nach „Holzfällen" Kontakt mit Bernhard?
Turrini: Ich hab' ihn immer wieder bei Claus Peymann im Burgtheater getroffen. Und ihn gefragt: „Thomas, wieso hast Du das gemacht? Der Lampersberg hat Dir im Leben nur Gutes zukommen lassen." Und der Thomas hat geantwortet: „Ich musste ihn bestrafen, denn er hat mich in die Falle der Liebe gelockt." Das war der Satz, und er stimmt. Thomas war wirklich verliebt in den Lampersberg. Das lief bei ihm wohl immer so: Wenn ihm ein Liebesanfall passierte, musste er wohl den Menschen verletzen, dem der Anfall galt.

Er hat ja auch Sie verletzt. Haben Sie mit ihm darüber gesprochen?

Turrini: Ja. „Wieso hast Du mich nie Peter genannt, sondern immer nur der ‚dicke Tischlerbub?'", hab' ich ihn gefragt. Da hat er gelacht und gemeint: „Das wäre nicht originell gewesen." Ähnlich die Antwort, als ich ihn fragte, wieso er Kreisky als Höhensonnenkanzler bezeichnet habe. Der habe ihn doch sehr verehrt. Er schätze ihn auch, meinte Bernhard, „aber der Einfall, der Einfall..." Wenn gesagt wird, dass Schriftsteller jeglichen Verrat begehen für eine gute Formulierung, dann traf das auf den Bernhard ganz besonders zu. Es traf aber auch ein bisschen auf das Klima hier am Tonhof zu. Das war kein Ort der Wahrheitssuche, sondern ein Ort der besseren Formulierung. Wo letztlich auch ich selbst das Formulieren gelernt habe.

Rundgang durch Maria Saal.
Vorbei am adrett gefärbelten
Elternhaus Turrinis. Die Spielwiese,
seinerzeit ein Ort der Seelenqual für
das Außenseiterkind, ist jetzt ein
Parkplatz. Besuch bei Turrinis älterem
Bruder Walter, der bis zu seiner
Pensionierung die väterliche
Tischlerei betrieb und jetzt heftig
nachgefragte Skulpturen aus
Abfallholz fertigt.

*Sie haben Maria Saal Anfang der 1960er-Jahre
fluchtartig verlassen. Aber die innere Abkehr
vollzog sich durch die Zuwendung zur Literatur
wohl schon vorher?*

Turrini: Schon mit 14. Obwohl ich erst mit 18 aus
dem Dorf weggegangen bin. Es war nicht nur eine
Klassenflucht, eine Flucht aus meinem ange-
stammten Milieu, sondern auch eine Seelenflucht.
Das „Dazu-gehören-Wollen" funktionierte nicht.
Ich fand mich immer wieder am Rand des Spiel-
platzes, war schon sehr früh ein Beobachter. Die
wenigen Versuche, beim weiblichen Geschlecht
anzukommen, sind schmählich gescheitert. Ich
hab's dann mit Liebesgedichten probiert, aber das
hat die Dorfmadln eher in Schrecken versetzt. Niemand wollte ein Gedicht. Die wollten nach Klagen-
furt eingeladen werden, in die Bars. Nichts an mir
passte in die Umgebung, aber das möchte ich der
Umgebung auch im Nachhinein nicht vorwerfen.
Es war einfach so.

*Auch Ihr Vater, ein Zugewanderter aus Italien,
galt als Außenseiter.*

Turrini: Unser Vater war nicht vorhanden in der
Dorfgemeinschaft. Ein Fremdkörper, der ausge-
schaut hat wie ein Sendbote der Mafia. Nach einigen wenigen Versuchen, ins Gasthaus zu gehen,
hat er es aufgegeben. Er zog sich in die Werkstät-
te und in die Sprachlosigkeit zurück. Ich kann
mich an keine zehn Sätze erinnern, die er gesprochen hat. Der Schutz, den ein Vater für ein
Kind bedeutet, war daher nicht vorhanden. Es
gab auch keinen, der das Kind in die dörfliche

Gemeinschaft eingeführt hätte. Wir blieben fremd und waren freundlich. Ich sehe meine Mutter über weite Strecken nur lächelnd vor mir. Und später, als meine Stücke dann öffentlich wurden, bekam ich einen fürchterlichen Ruf in Maria Saal, der sich in Restbeständen bis heute hält. Wenn meine Mama einkaufen ging, musste sie sich die immer gleichen Anwürfe anhören: „Was macht'n der für schiache Sachen? Über Maria Saal redet er so schiach. Und über Kärnten redet er auch so schiach..." Und obwohl sie selber der Meinung war, dass das alles schrecklich war, was ich da zusammenschrieb, hielt sie mit hilflosen Erklärungen dagegen: „Er ist immerhin mein Bua. Und er hat einen guten Kern." Ich habe Bilder vor mir, wie sie am alten Holzherd steht, schwitzend. Und immer wieder versucht, zu besänftigen, obwohl sie halb am Weinen ist.

Am Platz vor der Wallfahrtskirche.
Das ganze Ensemble sorgfältig
restauriert. In einem der Kapitel-
häuser das Kärntner Domizil des
Regisseurs Martin Kušej. Um die Ecke
die Volksschule, die Turrini seinerzeit
besucht hat. Der Autor, die Fotografin
und die Interviewer laben sich mit
Frankfurter Würstchen.

„Maria Saal
ist für mich
ein verlorener
Ort."

Sie fühlen sich in Kleinriedenthal, wo Sie seit
Langem leben, doch ein bisschen beheimatet.
Mit allen Vorbehalten. Wäre so etwas in Kärnten
denkbar gewesen?
Turrini: Nein.

Warum nicht?
Turrini: Weil meine Unfähigkeit, Vergangenheiten sein zu lassen und Gegenwarten an- und aufzunehmen, so groß ist, dass ich im Kern nichts sehen und erleben kann, was nicht gleichzeitig belastet ist. Das treibt manchmal skurrile Blüten. Vieles ist vor mehr als 50 Jahren passiert, aber die Vorgänge, die verlassen mich nicht. Manchmal frag' ich mich schon, wieso ich nicht die Gnade des Verdrängens hab'. Ein bisschen was täte ich wirklich gern verdrängen und vergessen. Ich habe zwar alle möglichen Türen abgesperrt, aber irgendwie kommen die Geschichten immer wieder unter dem Türspalt durch und holen mich ein. Gasthäuser, die längst Treffpunkte von Alternativbauern sind, werden von mir noch immer als Nazi-Gasthäuser wahrgenommen. Ich fahre über die Pack, und ab Wolfsberg werde ich schon ein anderer Mensch, extrem unsicher. Auf der ganzen Welt habe ich mir Sicherheiten erworben, in Maria Saal und Umgebung bis heute nicht. Es ist so. Ich kann es nicht ändern. Es ist so schön da, und gleichzeitig denke ich mir: Maria Saal ist für mich ein verlorener Ort.

In einem satirischen Text aus dem Jahr 1980 drehen Sie die Minderheiten- und Mehrheitsverhältnisse in Kärnten um. Wer deutschsprachig ist, darf seine Meinungsfreiheit wahrnehmen, aber nur daheim in der Badewanne. So ein Text ist heute wohl nicht mehr notwendig?

Turrini: Es hat sich viel verbessert in diesem Land. Dennoch gilt: Vorsicht ist das oberste Gebot. Man wiegt sich hier gerne im trügerischen Gefühl, dass die Ungeheuer weg sind. Aber sie schlafen nur. Und in diesem Land sind sie sehr leicht weckbar. Man darf eines nicht vergessen: Wer früher einmal die FPÖ gewählt hat, als diese noch die Mehrheit stellte, ist jetzt, um unauffällig zu werden, mehrheitlich in der SPÖ untergetaucht. In einem Punkt freilich ist es wirklich besser geworden.

Jetzt kommt doch noch das Positive?

Turrini: Ja. Als ich hier aufgewachsen bin, wurde die slowenische Sprache rundum als sogenannte „schiache Sprache" empfunden, weil sie die Sprache einer entwerteten Minderheit war. Und die slowenische Literatur war noch entwerteter, weil man gar nicht wahrhaben wollte, dass es eine solche gibt. Jetzt kommt man mit dieser Ignoranz nicht mehr sehr weit. Denn es gibt eine slowenische Literatur, und sie ist großartig! Aber noch ein grundsätzliches Wort zu Kärnten. In jedem anderen Land bin ich manchmal bis zur Naivität bereit, Veränderungen als positiv und bleibend zu erachten. In Kärnten bleibe ich skeptisch und verharre im Zustand einer enormen

inneren Wachsamkeit. Aber nur in diesem Bundesland. Den Steirern glaube ich viel mehr und den Niederösterreichern blöderweise noch viel mehr.

Warum blöderweise?
Turrini: Die Antwort beginnt mit einer anderen Frage: Wo ist man am verzeihlichsten und wo am gnadenlosesten? Am verzeihlichsten bin ich zum Beispiel in Italien. Wenn ich dann aber mit meinen Freunden telefoniere – einer ist Bürgermeister – und die mir von den haarsträubenden Verhältnissen in Italien erzählen, dann bin ich natürlich entsetzt. Trotzdem höre ich es nicht gern. Ich will mir das Ideal meines italienischen Heimatlandes, eines Ortes der Sehnsucht, nicht verpatzen lassen. In Kärnten dagegen scheine ich am gnadenlosesten zu sein. Da höre ich ganz schnell das braune Gras wachsen, auch dort, wo es augenscheinlich grün ist.

Sie sind ein exzellenter Menschenbeobachter.
Wie verhält es sich für Sie mit den Politikern?
Die müssen ja bis zu einem gar nicht geringen
Grad auch immer wieder Schauspieler sein, und
sei es nur bei stundenlangen Ordensverleihungen. Und sie bieten natürlich auch Staatstheater.
Fällt Ihnen ein Politiker der Regierung ein, der
sich durch derlei Talente auszeichnet?
Turrini: Das Grundproblem bei der Schauspielerei des Politikers liegt ja darin, dass der echte Schauspieler spätestens um 23 Uhr dieses Gewerbe aufgibt oder beendet. Und sich nachher oft

dem Tratsch, manchmal auch dem einen oder anderen Gläschen hingibt. Daher habe ich fast Mitleid mit den Politikern.

Warum? Ihr Mitleid erstaunt doch ein wenig.
Turrini: Mein Mitleid rührt daher, dass die Politiker nach ihren Auftritten keinen Dienstschluss haben. Die Schauspielerei, die Verstellung wird zu einem 24-Stunden-Programm. Ich bin verwundert, wie das überhaupt denkbar ist und wie eine menschliche Seele so etwas aushalten kann.

Aber herrscht nicht auch im Großteil der Bevölkerung ein bedenkliches Bedürfnis nach eben dieser politischen Theatralik, derzeit dargeboten vorwiegend von umtriebigen Poltergeistern, denen immer mehr junge Menschen attestieren, dass sie wenigstens „nicht so fad sind"?
Turrini: Der Tiefenpsychologe Erwin Ringel hat einmal vom Vielkammersystem der österreichischen Seele gesprochen. Und in diesen Kammern existiert durchaus Unterschiedliches. Mich fasziniert es zum Beispiel, wie sehr Leute, speziell in den Dörfern, ständig über jeden Politiker schimpfen. Kommt aber einer dieser Politiker tatsächlich zu einem Besuch in die Ortschaft, entfalten sich unglaubliche, fast widerliche Devotheiten. Also muss es eine Kammer in der österreichischen Seele geben, die gerne alles niedermacht, auch die politische Klasse. Und es muss eine andere Kammer geben, die gerne kuscht und bewundert. Das fällt mir hierzulande extrem auf. Ich vermute, dass es noch weitere Kammern gibt.

Wenn dann so ein Fescher daherkommt wie früher der Haider und ein Politikerbild in die Welt setzt, in dem alles locker, leicht, sportlich und jung ist, geht ja schon die nächste Kammer auf: Politik als Unterhaltung. Hauptsache, es ist etwas los. Das Vielkammernsystem des Österreichers lässt viele Varianten zu.

Wie beurteilen Sie, quasi als Kammerkenner, unsere deutschen Nachbarn?
Turrini: Die Deutschen sind eher einkammermäßig veranlagt. Das trug, historisch gesehen, nicht unbedingt zur Freude der Welt bei.

Sie widmen sich in Ihren Essays seit Jahrzehnten diesem Thema, diesem österreichischen Zwiespalt, mit eher geringem aufklärerischem Erfolg. Woran mangelt es?
Turrini: Es mangelt an Selbstbewusstsein. Die Österreicher haben ein Talent, den Geist oder Ungeist des Herrn oder Gebieters sehr schnell zu erraten, und richten sich danach. Sie murren gegen die Oberen an, aber nur in den eigenen vier Wänden oder im Gasthaus.

Man könnte dies ja auch als vorauseilende Schadensvermeidung bezeichnen. Oder als „situationselastisches Verhalten", wie es neuerdings in der Politikersprache heißt?
Turrini: Es ist dieses geradezu lustvoll geäußerte und ständig wiederholte „Da kannst du halt nichts machen". In Österreich wird der Widerstand privatisiert, und für das Öffentliche bleibt die Apathie

übrig. Man mault, damit ist das kritische Denken oder der Widerstandsgeist auch schon erfüllt und erledigt. Der abstruse Glaube, man gewinne durch Anpassung und verliere durch Protest, ist grundfalsch. Der Mensch wächst im Widerstand und schrumpelt im Wohlverhalten.

Es gibt ja seit einiger Zeit und in immer fragwürdigerer Form ein modisches Ventil, die Sozialen Medien, wo sehr wohl in oft erschreckend primitiver Weise und vor allem anonym eine neue Diktatur des Beschimpfens und Diffamierens ihren fast unaufhaltsamen Lauf nimmt. Sind das nicht die schlimmsten Auswüchse? So eine Art des Heckenschießens mit zugeklapptem Visier?

Turrini: Man muss für seine Meinung einstehen, mit Name und Adresse. Diese anonymen Polemiker sind deshalb die Allerschlimmsten, weil sie für das, was sie behaupten, keinerlei Verantwortung tragen wollen. Ich habe einen solchen Shitstorm erlebt, mit „Schimpanse 1" und „Schimpanse 2" und „Sokrates 17", wie die alle heißen. Diese neue digitale Welt wird ja von der altbekannten Feigheit besiedelt.

Sie sprachen einmal davon, dass der Mensch auch seinen Schutz brauche. Nicht alles kann und muss aufgedeckt werden. Was meinten Sie damit?

Turrini: Es gibt in der Tat einen Schutz, den wir alle dringend brauchen. Der Mensch wird immer mehr ausspioniert, seine Daten werden kassiert und analysiert. Die Firma Google fährt mit ihren Kameras in unsere Häuser und unter unsere Betten. Sensoren, die alles aufzeichnen, dringen in unser Gehirn ein. Wir verlieren unsere Autonomie. Wir werden wie ein Stück Fleisch auf den Tresen des Marktes gehauen. Egal, ob wir glücklich oder unglücklich sind, mutig oder feige, mit oder ohne Poesie, wir werden verkauft, wir sind eine schwindende, aussterbende Gattung. Ich beantrage Artenschutz, jetzt, sofort.

Die mächtige Wallfahrtskirche von Maria Saal. In die Fassade eingelassen römische Steinreliefs aus dem nahen Virunum. Der Autor erneut als kundiger Fremdenführer. Beim Betreten der Kirche taucht er die Hand ins Weihwasserbecken und bekreuzigt sich.

„Der Geschmack Gottes. Ungesüßte Manner-schnitten."

Sie waren hier Ministrant?
Turrini: Ja, ich war Ministrant. Um irgendwie mitzumachen in der dörflichen Gemeinschaft. Bis heute versuche ich, den Ausschließungen der Kindheit durch Anpassungen entgegenzuwirken. In Kleinriedenthal zum Beispiel bin ich ständig förderndes Mitglied der Freiwilligen Feuerwehr. In der kleinen Ortschaft, die Maria Saal einmal gewesen ist, war das Ministrantentum fast eine Normalität. Ein Freund von mir war damals Ministrant, also geht man halt mit dem Freund ministrieren.

Ein bisschen was gekriegt hat man ja auch dafür.
Turrini: Daran kann ich mich nicht erinnern. Erinnern kann ich mich nur an das Hostienessen. Die Hostien haben geschmeckt wie trockene Mannerschnitten, denen die Süße abhanden gekommen ist. Der Geschmack Gottes. Ungesüßte Mannerschnitten.

Im Tonhof sprachen wir vom Schauder der Erinnerung. Wer Sie beim Rundgang durch diese Kirche hier erlebt, der spürt sehr deutlich eine Art Ehrfurcht. Man hat das Gefühl, dass da etwas hängen geblieben ist, das bis zum heutigen Tag wirkt, positiv wirkt, keineswegs als Trauma oder Beengung. Reden wir zuletzt also über das Schöne, Erhabene, das es für Sie offenkundig doch gibt.
Turrini: Der Eindruck stimmt, es ist wahr. Ich denke mir, das Besondere ist dieser Ort selbst. Oder die unvorstellbar geschichtserfüllte Gegend

hier. Die Römerstadt Virunum auf dem Zollfeld, die mich schon sehr früh faszinierte. Damals hat der Vater uns Buben Römerschwerter und andere einschlägige Requisiten gefertigt. Alles trug zum Fantasieren bei. Auch die Geschichte dieser Kirche ist faszinierend, weil sie die ganze Stilentwicklung von fünfzehnhundert Jahren wiedergibt. Das war und ist bis heute aufregend für mich, wenn ich hier herkomme. Ich kenne also, neben dem Gefühl der Angst, durchaus auch das Gefühl der Freude. Wenn ich mich selbst nach dem Schönen frage, dann kann ich es immer nur mit einer Metapher beschreiben: Es war nie ein Ganzes, nie etwas Durchgehendes. Das Schöne waren Fragmente von Schönheit, Momente des Glücks. Wie wenn man eine Flasche fallen lässt und sich dann in einigen Scherben ein besonders schönes Licht bricht.